New
The 바른
우즈베크어

1
STEP

우즈베크어 STEP 1

초판인쇄 2017년 05월 01일
2판 2쇄 2024년 06월 01일

지은이 딜쇼드 아크바로프
펴낸이 임승빈
펴낸곳 ECK북스
출판사 등록번호 제 2020-000303호
출판사 등록일자 2000. 2. 15
주소 서울시 마포구 창전로2길 27 [04098]
대표전화 02-733-9950 | **이메일** eck@eckedu.com

제작총괄 염경용
편집책임 정유항, 김하진 | **편집진행** 이승연
마케팅 이서빈, 서혜지 | **디자인** 다원기획 | **인쇄** 신우인쇄

ISBN 979-11-91132-73-1
정가 18,000원

ECK교육 | 세상의 모든 언어를 담다

기업출강 · 전화외국어 · 비대면교육 · 온라인강좌 · 교재출판 · 통번역센터 · 평가센터

ECK교육 www.eckedu.com
ECK온라인강좌 www.eckonline.kr
ECK북스 www.eckbook.com

유튜브 www.youtube.com/@eck7687
네이버 블로그 blog.naver.com/eckedu
페이스북 www.facebook.com/ECKedu.main
인스타그램 @eck__official

New The 바른 우즈베크어

저자 | 딜쇼드 아크바로프

1 STEP

머리말

O'zbekiston Respublikasi Mustaqilligining 30 yilligiga bag'ishlanadi.

동서양이 공존하는 나라, 중앙아시아의 심장, 하늘 밑에 있는 박물관, 고대 실크로드의 중심지로 불리는 우즈베키스탄은 중앙아시아 국가 중 대한민국과 가장 많은 교류가 일어나는 나라입니다. 1992년 1월 29일부터 양국 간에 외교관계가 수립된 이후 지난 25년 동안 대한민국과 우즈베키스탄 간에 경제, 문화, 사회 측면에서 많은 협력이 일어났습니다. 그 결과로 우즈베키스탄은 대한민국의 중앙아시아 지역 주요 교류 대상국이 되었고 대한민국은 우즈베키스탄의 가장 큰 무역 파트너 국가 중 하나가 되었습니다. 우즈베키스탄은 지리적으로 서쪽에서 유럽이 시작하고 동쪽에서 바로 아시아가 시작하는 중앙아시아에 위치한 나라로 3,200만 명의 높은 인구밀도를 가지고 있습니다. 지리적 위치의 중요성과 경제적인 발전 전망이 크기 때문에 '기회의 땅'이라고도 불립니다.

우즈베키스탄에서 공용어로 쓰이는 언어가 바로 우즈베크어입니다. 우즈베크어는 한국어와 같이 알타이어계에 속하는 언어로서 한국어와 유사한 점이 무척 많습니다. 먼저 두 언어는 「주어 – 목적어 – 서술어」로 어순이 같으며 조사, 후치사 체계 등 여타 문법적인 측면에서도 많은 유사성을 보입니다. 그뿐만 아니라 우즈베크어에는 별도의 성조 체계가 없으므로 성조에 따라 단어의 의미가 달라지는 경우가 없어 학습이 쉽고, 1992년부터 알파벳 역시 몇 자의 변형자를 제외하고는 기본 로마자를 사용하기 때문에 별도로 알파벳을 암기해야 하는 수고를 덜어줍니다. 이와 같은 이유로 우즈베크어는 한국인이 배우기에 가장 쉬운 언어 중의 하나라고 할 수 있습니다.

또한, 우즈베크어는 우즈베키스탄뿐만 아니라 역사적으로 우즈베크인들과 중앙아시아의 다른 민족들이 같이 살아왔던 인접 국가 도시들에서도 많이 쓰입니다. 예를 들면 우즈베크인 30~40%를 차지하는 키르기스스탄의 오시 시, 카자흐스탄의 투르키스탄 시, 심켄트 시, 투르크메니스탄의 다쇼구즈 주 등이 있습니다.

물론 어순이 같고 문법 체계가 유사하다고 해서 모든 언어가 배우기 쉬운 언어가 되는 것은 아닙니다. 우즈베크어에도 존재하는 인칭어미와 초월시제 같은 한국어에 없는 문법 사항들이 있으므로 우즈베크어의 특정 문법들을 올바르게 익히는 연습이 무엇보다 필요합니다.

이런 여러 이유로 본 교재는 우즈베크어와 한국어 사이에 유사성을 바탕으로 학습자의 이해도를 높이고 언어 간의 차이점을 충분한 예문과 설명을 통해 낯선 문법 사항이라도 친숙하게 전달될 수 있도록 구성되었습니다. 또한, 본 교재에 들어간 단어장은 학습자가 우즈베크어를 배우는 동안 접할 수 있는 새로운 단어들을 쉽게 찾아서 배울 수 있도록 마련되었습니다.
아울러 이 교재에는 우즈베키스탄의 다양한 문화, 음식, 풍습 등에 대한 콘텐츠가 들어 있으므로 학습자들의 관심 폭을 확대할 수 있습니다. 각 본문 내용을 우즈베크인의 음성으로 녹음하여 학습자가 원어민의 실제 음성을 들으며 언어를 학습할 수 있고, 이를 통해 우즈베크어 발음을 올바르게 익히는 데에도 도움이 될 수 있도록 했습니다.

끝으로 교재 출판의 기회를 주신 ECK교육의 임승빈 실장님께 먼저 감사의 말씀을 전합니다. 교재 시작부터 완성까지 도움을 주신 이승연 실장님과 인생의 길을 선택하는데 도와주신 부모님께, 그리고 유학 생활 중 접하게 되는 모든 우여곡절에 곁에서 응원해 주신 김동우 선생님께 깊이 감사드립니다.

Dilshod Akbarov
저자 딜쇼드 아크바로프

이 책의 구성과 특징

우즈베크어를 처음 접하는 학습자들이 최대한 쉽고 효율적으로 다가갈 수 있도록 학습 순서를 고안했습니다. 각 과는 순차적으로 학습할 수 있도록 크게 7개의 코너로 구성되어 있어서, 교재를 따라서 꾸준한 학습을 하다 보면 어느새 기초를 마스터할 수 있습니다.

NAMUNALAR · 패턴

각 과에서 새로 배울 주요 표현 및 문법 사항을 미리 들어보는 코너입니다. 딱딱한 문법 등을 문자로 학습하기 전에 원어민 발음을 반복해서 듣고 따라 하면서 말소리 자체에 익숙해지는 단계입니다.

YANGI SO'ZLAR · 새 단어

새로 나오는 단어와 표현을 풀이한 코너입니다. 뜻풀이뿐만 아니라 기타 참고 사항 등을 함께 보여줘 단순 암기가 아니라 제대로 이해할 수 있도록 정리했습니다.

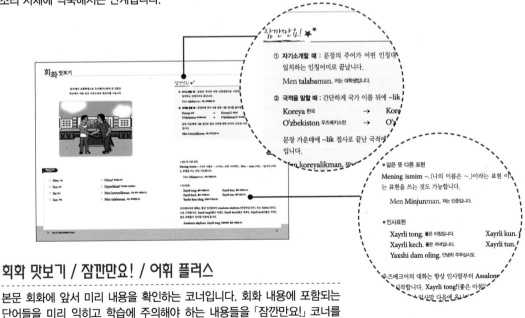

회화 맛보기 / 잠깐만요! / 어휘 플러스

본문 회화에 앞서 미리 내용을 확인하는 코너입니다. 회화 내용에 포함되는 단어들을 미리 익히고 학습에 주의해야 하는 내용들을 「잠깐만요!」 코너를 통해 한번 더 인식시켜 주고, 다양한 어휘를 소개함으로써 보다 빠르고 쉽게 학습 내용을 이해할 수 있게 도와줍니다.

유의어 / 대치어

tanishganimdan xursandman.
만나서 반갑습니다.
= **xursandman.** 반갑습니다.

men = man 나 (구어체)
sen = san 너 (구어체)

회화에 나오는 단어들의 유의어와 대치 가능한 표현들을 함께 학습해 보세요.

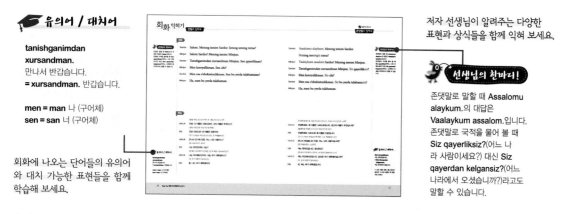

저자 선생님이 알려주는 다양한 표현과 상식들을 함께 익혀 보세요.

선생님의 한마디!

존댓말로 말할 때 Assalomu alaykum.의 대답은 Vaalaykum assalom.입니다. 존댓말로 국적을 물어 볼 때 Siz qayerliksiz?(어느 나라 사람이세요?) 대신 Siz qayerdan kelgansiz?(어느 나라에서 오셨습니까?)라고도 말할 수 있습니다.

회화 익히기 (반말로 말해요 / 존댓말로 말해요)

본문 회화문 코너입니다. 녹음을 들으면서 대화문과 해석을 함께 볼 수 있습니다. 우즈베크어는 우리나라와 같이 존칭어가 있으므로 같은 내용을 반말과 존댓말로 구분해서 학습할 수 있도록 두 개의 회화로 구성했습니다. 「존댓말로 말해요」 부분의 붉은색 단어만 바꾸어 말하면 반말에서 존댓말로 바뀌므로 한눈에 쉽게 익힐 수 있습니다.

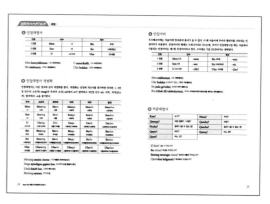

GRAMMATIKA · 문법

본문 속에 나오는 주요 문법 사항과 함께 기타 중요한 학습 내용을 자세히 정리했습니다. 확실하게 이해할 수 있도록 가능한 한 많은 예문을 제시했습니다.

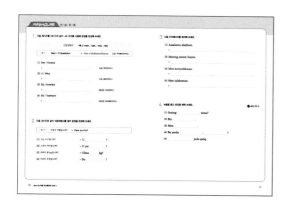

MASHQLAR · 연습문제

학습자가 직접 문제를 풀면서 복습하는 코너입니다. 듣기, 쓰기, 문법, 말하기 등 영역별로 골고루 문제를 접할 수 있도록 했습니다.

어깨너머 우즈베키스탄

우즈베키스탄의 역사와 다양한 문화 및 인사법, 결혼 풍습, 전통 음식, 명절 등을 소개합니다. 먼 나라 가까운 이웃 우즈베키스탄의 문화를 사진과 함께 알아 보세요.

CONTENTS

부록

9

등장 인물 소개

Minjun 민준   **Nigora** 니고라   **Sardor** 사르도르

① **Minjun** 민준

우즈베키스탄으로 교환학생을 온 민준은 우즈베키스탄 언어 문학 대학교에서 우즈베크어를 배우고 있습니다. 친근하고 모험심이 강한 성격의 소유자입니다.

② **Nigora** 니고라

민준이랑 같은 학교 다니는 여학생입니다. 민준에게 도움을 많이 주고 도와주는 것을 좋아합니다. 다정하고 호기심이 많은 성격의 소유자입니다.

③ **Sardor** 사르도르

군대 제대 후 대학교에 입학한 사르도르는 민준이 우즈베키스탄에서 처음으로 만난 우즈베크인 친구로 둘은 매우 친합니다. 사르도르는 친절하고 조용한 성격의 소유자입니다.

우즈베키스탄과 문자, 언어!

Ⓐ 우즈베키스탄 O'zbekiston

우즈베키스탄은 중앙아시아에 위치하며 동양과 서양이 공존하는 신비롭고도 아름다운 나라이다. 오랜 역사와 독특한 문화를 자랑하는 우즈베키스탄은 신석기 시대부터 시작해 소그디아나, 화레즘 제국, 티무르 제국, 부하라 에미리트, 히바, 코칸드칸국에 이르기까지 수많은 제국들의 터전이었다. 그래서 우즈베키스탄 곳곳에는 역사적, 문화적으로 뛰어난 유적이 많이 있고 우즈베키스탄을 터전으로 삼았던 수많은 민족과 제국의 찬란한 흔적이 고스란히 남아 있다.

우즈베키스탄의 수도는 타슈켄트(Toshkent)이며 우즈베키스탄의 국토 면적은 한반도의 2배 정도이다. 인구는 약 3,200만 명이며 중앙아시아 5개국 중 인구가 가장 많은 나라이다. 우즈베키스탄에는 130개가 넘는 민족들이 살고 있고 이들 중 대부분은 우즈베크인이며, 그다음으로 많은 민족은 러시아인이다. 이들 외에도 카자흐인, 키르기즈인, 타타르인, 타지크인, 투르크멘인, 카라칼파크인 등이 있으며, 스탈린 집권 시기에 강제로 중앙아시아로 끌려가 그곳에 정착한 고려인도 있다. 심지어 유대인들도 있으며 아르메니아인, 아제리인, 극소수의 우크라이나인과 독일인 그리고 그리스인도 있다. CIS(독립국가연합) 국가들 가운데 가장 많은 민족들이 모여 사는 나라라고 할 수 있다.

우즈베키스탄 지도

ⓑ 우즈베크어 O'zbek tili

우즈베키스탄의 공용어는 '우즈베크어'이다. 소련 시대 때 러시아어 및 키릴 문자를 공용어로 썼지만 1989년 10월 21일에 우즈베크어가 공용어로 지정되었고 1992년 이후 로마자에 의한 표기법이 도입되었다. 현재 공식출판물과 뉴스 등에서는 로마자를 사용하는 경우가 많지만, 여전히 길거리에서 키릴 문자를 사용한 간판이 눈에 띄는 경우도 있다. 우즈베크어는 6개의 모음과 23개의 자음으로 총 29개의 알파벳을 갖는다. 우즈베크어 로마자 알파벳은 몇 개의 변형 로마자를 제외한 나머지 글자들이 로마자 알파벳과 같으므로 한국인들에게 매우 친숙하다. 변형 로마자들 역시 표기가 복잡하거나 발음이 어렵지 않으므로 쉽게 배울 수 있다.

먼저 한국어와 우즈베크어는 「주어 – 목적어 – 서술어」의 구성을 따르는 문장의 순서, 즉 어순이 같다. 따라서 자연히 후치사(안·밖·위·아래·앞·뒤·말고·하고·너머·없이·대하여)가 발달되어 있고 형용사의 명사 수식 체계, 문장 내 동사의 중요성 등 거의 모든 문법적 측면이 한국어와 비슷하다. 그뿐만 아니라 우즈베크어는 성별에 따른 조사 및 단어의 쓰임이 바뀌지 않기 때문에 학습자가 배우기 쉬운 언어 가운데 하나이다. 마치 수학 공식처럼 정형화된 우즈베크어의 문법은 규칙이 거의 예외 없이 지켜지기 때문에 우즈베크어를 배우는 학습자들이 익히기에 부담이 적다. 무엇보다 한국어와 어순이 같으므로 한국인들이 배우기에는 비교적 쉬운 외국어라고 할 수 있다.

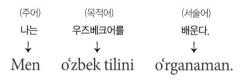

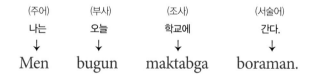

C 우즈베크어의 알파벳과 발음

MP3 00-1

■ **알파벳** Oʻzbek tili alifbosi

[모음 : 6개, 자음 : 23개]

알파벳	한글 발음	모음/자음	알파벳	한글 발음	모음/자음
A a	아	모음	Q q	쿼	자음
B b	베	자음	R r	레	자음
D d	데	자음	S s	세	자음
E e	에	모음	T t	테	자음
F f	풔	자음	U u	우	모음
G g	게	자음	V v	웨	자음
H h	헤	자음	X x	헤	자음
I i	이	모음	Y y	예	자음
J j	제	자음	Z z	제	자음
K k	케	자음	Oʻ oʻ	오	모음
L l	레	자음	Gʻ gʻ	게	자음
M m	메	자음	Sh sh	셰	자음
N n	네	자음	Ch ch	체	자음
O o	어	모음	ng	ㅇ	자음
P p	페	자음	'	아포스트로피	

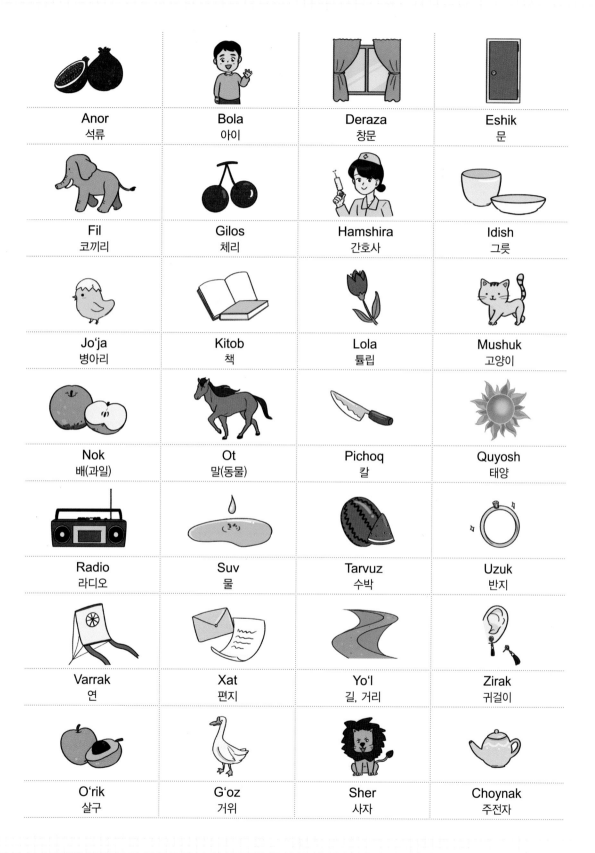

Anor 석류	**Bola** 아이	**Deraza** 창문	**Eshik** 문
Fil 코끼리	**Gilos** 체리	**Hamshira** 간호사	**Idish** 그릇
Jo'ja 병아리	**Kitob** 책	**Lola** 튤립	**Mushuk** 고양이
Nok 배(과일)	**Ot** 말(동물)	**Pichoq** 칼	**Quyosh** 태양
Radio 라디오	**Suv** 물	**Tarvuz** 수박	**Uzuk** 반지
Varrak 연	**Xat** 편지	**Yo'l** 길, 거리	**Zirak** 귀걸이
O'rik 살구	**G'oz** 거위	**Sher** 사자	**Choynak** 주전자

■ 발음

 MP3 **00-2**

1. 모음 (6개)

A a	한국어의 모음 [ㅏ]와 비슷하다.
	Asal 꿀 Avtobus 버스 Aka 형, 오빠
E e	한국어의 모음 [ㅔ]와 비슷하다.
	Eshik 문 Erkak 남자 Elchi 대사
I i	한국어의 모음 [ㅣ]와 비슷하다. 자음 다음에 올 때 짧게 또는 [ㅡ]와 비슷하게 발음이 된다.
	Ish 일 Qish 겨울 Tish 이
O o	한국어의 모음 [ㅓ]와 비슷하다.
	Osmon 하늘 Ona 어머니 Oltin 금
U u	한국어의 모음 [ㅜ]와 비슷하다.
	Umid 희망 Uzum 포도 Uzun 긴
Oʻ oʻ	한국어의 모음 [ㅗ]와 비슷하다.
	Oʻrik 살구 Oʻrgimchak 거미 Oʻrtoq 친구

2. 자음 (23개)

B b	한국어의 자음 [ㅂ]과 비슷하다.
	Bino 건물 Bank 은행 Bosh 머리
D d	한국어의 자음 [ㄷ]과 비슷하다.
	Daftar 공책 Daryo 강 Daraxt 나무
F f	영어의 자음 [F]와 동일한 발음이다.
	Futbol 축구 Farzand 자식 Fikr 의견
G g	한국어의 자음 [ㄱ]과 비슷하다.
	Gul 꽃 Guruch 쌀 Gilam 카펫
H h	한국어의 자음 [ㅎ]과 비슷하다.
	Hujjat 서류 Hovli 마당 Hisob 계산
J j	한국어의 자음 [ㅈ]과 비슷하다. 외래어 단어의 경우 [쮀] 발음이 된다.
	Javob 대답 Joy 장소 Jurnal 잡지
K k	한국어의 자음 [ㅋ]과 비슷하다.
	Koreya 한국 Kuz 가을 Kitob 책
L l	영어의 자음 [L]과 동일한 발음이다. 한국어의 자음 [ㄹ]과 비슷하다.
	Lab 입술 Lola 튤립 Libos 옷

M m	한국어의 자음 [ㅁ]과 비슷하다. Muz 얼음 Mushuk 고양이 Mashina 자동차
N n	한국어의 자음 [ㄴ]과 비슷하다. Nok 배 Non 빵 Narsa 물건
P p	한국어의 자음 [ㅍ]과 비슷하다. Poyafzal 신발 Poyezd 기차 Pul 돈
Q q	영어의 자음 [Q]와 동일한 발음이다. 한국어의 자음 [ㅋ]과 비슷하다. Qor 눈 Qiz 여자 Qo'l 팔
R r	한국어의 자음 [ㄹ]과 비슷하다. Rasm 사진 Raqobat 경쟁 Radio 라디오
S s	한국어의 자음 [ㅅ]과 비슷하다. Seul 서울 Sabzi 당근 Sariq 노란색
T t	한국어의 자음 [ㅌ]과 비슷하다. Tarvuz 수박 Tarjimon 통·번역가 Tez 빨리
V v	영어의 자음 [V]와 동일한 발음이다. Vaqt 시간 Varrak 연 Vodiy 골짜기
X x	한국어의 자음 [ㅎ]과 비슷하다. Xona 방 Xizmat 서비스 Xaridor 고객
Y y	한국어의 [ㅑ, ㅠ, ㅛ]에 해당하는 발음이다. Yulduz 별 Yo'l 길 Yuz 얼굴
Z z	영어의 자음 [Z]와 동일한 발음이다. Zirak 귀걸이 Ziravor 양념 Zilzila 지진
G' g'	한국어의 자음 [ㄱ]과 비슷하다. G보다 부드럽게 발음한다. G'arb 서쪽 G'oz 거위 G'or 동굴
Sh sh	한국어의 [샤, 쇼, 슈, 쉐] 등에 해당하는 발음이다. Shakar 설탕 Shifokor 의사 Shahar 도시
Ch ch	한국어의 자음 [ㅊ]과 비슷하다. Choy 차 Chorraha 사거리 Choynak 주전자
ng	한국어의 자음 [ㅇ]과 비슷하다. 단어 마지막 글자로 쓰인다. Bodring 오이 Shudring 이슬 Ming 천

Ⓓ 우즈베크어 자음과 모음 발음의 특징

■ I i 모음의 특징

우즈베크어의 모음 I i는 일반적으로 짧게 발음이 된다. 하지만 다른 I i 또는 Y y 앞에 올 때 길게 발음이
된다.

우즈베크어	발음	뜻
Qish	[크스]	겨울
Shimol	[스멀]	북쪽
Salbiy	[살비이]	부정적인
Tabiiy	[타비이]	자연적인

■ O o와 O' o' 모음의 특징

우즈베크어로 O o와 O' o'는 비슷하게 발음이 되지만 단어의 의미에 큰 차이가 날 수 있다.

우즈베크어	발음	뜻	우즈베크어	발음	뜻
Ot	[어트]	말(동물)	O't	[오트]	불
Soz	[서즈]	훌륭하게	So'z	[소즈]	단어
Qoshiq	[커스크]	숟가락	Qo'shiq	[코스크]	노래

■ 우즈베크어 이중 자음

우즈베크어에 이중 자음들로 쓰이는 단어들이 있다. 이중 자음은 보통 단어 가운데에 나오며 길고 강하게
발음이 된다.

우즈베크어	발음	뜻
Katta	[캇타]	큰
Ammo	[암머]	하지만
Oddiy	[어드디]	평범한
Favvora	[파브버라]	분수

■ 〈 ’ 〉 기호 (아포스트로피)의 표기

〈 ’ 〉 아포스트로피 tutuq belgisi는 모음이나 자음 뒤에 올 수 있다. 모음 뒤에 올 때 그 모음을 길게 발음하게 해주는 역할을 한다.

A’lo [아알러] 우수한

Ma’no [마아너] 의미, 뜻

자음 뒤에 올 때 아포스트로피 뒤에 오는 음절을 발음하기 전에 잠깐 멈추게 하는 역할을 한다.

San’at [산-앗] 예술

Mas’uliyat [마스-울리얏] 책임

■ 〈 ‘ 〉 거꾸로 된 아포스트로피

우즈베크어에 로마자에 의한 표기법이 도입된 후 원래 로마자에 없는 Oʻ oʻ[오] , Gʻ gʻ[게] 발음을 만드는데 문제가 생겼다. 이 문제를 해결하기 위해 1992년 이후에 우즈베크어에 〈 ‘ 〉 거꾸로 된 아포스트로피가 도입되었다. 이 기호는 O o[어] 발음을 Oʻ oʻ[오]로, G g[게] 발음을 부드러운 Gʻ gʻ[게] 발음으로 해 주는 역할을 한다.

① Oʻ oʻ[오] 발음

Oʻzbekiston 우즈베키스탄

Oʻsimlik 식물

② Gʻ gʻ [게] 발음

Gʻor 동굴

Gʻoz 거위

Tanishganimdan xursandman!

만나서 반갑습니다!

학습 포인트

처음 만난 우즈베키스탄 사람에게 그 나라의 언어로 인사를 건네면 상대가 더욱 친근하게 다가오겠죠? 인칭대명사에 따른 인사법을 배워 보겠습니다.

주요 문법

● 인칭대명사   ● 인칭대명사 격변화   ● 인칭어미   ● 의문대명사

인사하기

A : Assalomu Alaykum.   안녕하세요.

B : Salom!   안녕!

A : Tanishganimdan xursandman.   만나서 반갑습니다.

　　Sizning ismingiz nima?   당신의 이름이 무엇입니까?

B : Mening ismim Minjun.   제 이름은 민준입니다.

감사 표현과 대답

Rahmat.   감사합니다.

Arzimaydi.   천만에요.

사과 표현과 대답

Uzur.   미안합니다.

Kechirasiz.   죄송합니다.

Hech qisi yoʻq.   괜찮습니다.

단어	뜻	비고
Assalomu alaykum.	안녕하십니까.	처음 만나거나 자기보다 나이 또는 지위가 높은 사람을 만날 때 하는 인사말.
Salom.	안녕.	친한 사이나 편한 사이에서, 서로 만날 때 하는 인사말. Assalomu alaykum.의 반말.
Tanishganimdan xursandman.	만나서 반갑습니다.	
Bu yer	여기	Bu yer + da (처격) = Bu yerda 여기에서
Maktab	학교	
Universitet	대학교	
O‘quvchi	학생	
–chi?	은/는요?	똑같은 질문을 다시 반복해서 묻지 않기 위해 주어에 붙이는 조사. Siz-chi? 당신은요? Men-chi? 나는요?
va	와/과, 랑/이랑	Sen *va* men 너와 나
Ustoz / O‘qituvchi	선생님	O‘qituvchi는 '가르치는 직업을 가진 사람'이란 뜻이고 Ustoz는 선생님을 부를 때 쓰인다.
Dars	수업	
Qiyin	어려운/어렵다	= mashaqqatli 힘든
Oson	쉬운/쉽다	= mashaqqatsiz 힘들지 않은
Qiziqarli	재미있는/재미있다	↔ Qiziqarsiz 재미없는
Rahmat.	감사합니다.	영어의 일반적인 thank you.와 같은 의미이며, Tashakkur.(감사합니다.)는 공식적인 자리에서 자주 쓰이는 표현이다.
Ha.	네.	↔ Yo‘q. 아니오. / 없다
Bor	있다	

회화 맛보기

한국에서 교환학생으로 우즈베키스탄에 온 민준은
학교에서 처음 만난 사르도르와 첫인사를 나눕니다.

핵심단어

☐ Men 나는

☐ Sen 너는

☐ Siz 당신

☐ Ism 이름

☐ Nima? 무엇입니까?

☐ Qayerliksiz? 어디에서 오셨어요?

☐ Men koreyalikman. 저는 한국 사람입니다.

☐ Men talabaman. 저는 대학생입니다.

잠깐만요! ★*

① **자기소개할 때** : 문장의 주어가 어떤 인칭대명사로 시작하면 서술어가 그 인칭대명사에 일치하는 인칭어미로 끝납니다.

Men talabaman. 저는 대학생입니다.

② **국적을 말할 때** : 간단하게 국가 이름 뒤에 ~lik 접사를 붙이면 됩니다.

Koreya 한국   →   Koreyalik 한국인

O'zbekiston 우즈베키스탄   →   O'zbekistonlik 우즈베키스탄인

문장 가운데에 ~lik 접사로 끝난 국적에 관한 단어가 나오면 나라 이름이 꼭 소문자로 쓰입니다.

Men koreyalikman. 저는 한국인입니다.

어휘 플러스

■ **같은 뜻 다른 표현**

Mening ismim ~.(나의 이름은 ~.)이라는 표현 이외에도, Men ~ man.(저는 ~입니다.)이라는 표현을 쓰는 것도 가능합니다.

Men Minjunman. 저는 민준입니다.

■ **인사표현**

Xayrli tong. 좋은 아침입니다.   Xayrli kun. 좋은 하루입니다.

Xayrli kech. 좋은 저녁입니다.   Xayrli tun. 좋은 밤입니다.

Yaxshi dam oling. 안녕히 주무십시오.

우즈베크어의 대화는 항상 인사말부터 Assalomu alaykum.(안녕하십니까.) 또는 Salom.(안녕.)으로 시작합니다. Xayrli tong!(좋은 아침!), Xayrli kun!(좋은 하루!), Xayrli kech!(좋은 저녁!) 같은 표현들이 인사말 다음에 옵니다.

Assalomu alaykum. Xayrli tong. 안녕하세요. 좋은 아침입니다.

회화 익히기

회화

Sardor	Salom. Mening ismim Sardor. Sening isming nima?
Minjun	Salom Sardor! Mening ismim Minjun.
Sardor	Tanishganimdan xursandman Minjun. Sen qayerliksan?
Minjun	Men koreyalikman. Sen-chi?
Sardor	Men esa o'zbekistonlikman. Sen bu yerda talabamisan?
Minjun	Ha, men bu yerda talabaman.

선생님의 한마디!

반말로 말할 때 Salom.의 대답은 똑같이 Salom.입니다. 반말로 국적을 물어볼 때 Sen qayerliksan?(어느 나라 사람이니?) 대신 Sen qayerdan kelgansan?(어느 나라에서 왔어?)라고도 말할 수 있습니다.

해석

	[살럼. 메닝 이스므 사르도르. 세닝 이스밍 느마?]
사르도르	안녕. 내 이름은 사르도르야. 너의 이름은 무엇이니?
	[살럼 사르도르! 메닝 이스므 민준.]
민준	안녕 사르도르! 내 이름은 민준이야.
	[타니스가늠단 후르산드만 민준. 센 카예를릭산?]
사르도르	만나서 반가워 민준. 어느 나라 사람이니?
	[멘 커레야릭만. 센치?]
민준	나는 한국인이야. 너는?
	[멘 에사 오즈베키스턴릭만. 센 부 예르다 탈라바므산?]
사르도르	나는 우즈베크인이야. 너는 여기 대학생이니?
	[하, 멘 부 예르다 탈라바만.]
민준	응, 나는 여기 대학생이야.

유의어 / 대치어

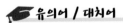

tanishganimdan xursandman.
만나서 반갑습니다.
= **xursandman.** 반갑습니다.

men = man 나 (구어체)
sen = san 너 (구어체)

Sardor	Assalomu alaykum. Mening ismim Sardor. Sizning ismingiz nima?
Minjun	Vaalaykum assalom Sardor! Mening ismim Minjun.
Sardor	Tanishganimdan xursandman Minjun. Siz qayerliksiz?
Minjun	Men koreyalikman. Siz-chi?
Sardor	Men esa o'zbekistonlikman. Siz bu yerda talabamisiz?
Minjun	Ha, men bu yerda talabaman.

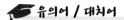

선생님의 한마디!

존댓말로 말할 때 Assalomu alaykum.의 대답은 Vaalaykum assalom.입니다.
존댓말로 국적을 물어 볼 때 Siz qayerliksiz?(어느 나라 사람이세요?) 대신 Siz qayerdan kelgansiz?(어느 나라에서 오셨습니까?)라고도 말할 수 있습니다.

[아살럼알레이쿰. 메닝 이스음 사르도르. 스즈닝 이스민기즈 느마?]

사르도르	안녕하세요. 제 이름은 사르도르입니다. 당신의 이름이 무엇입니까?

[발레이쿰 아살럼 사르도르! 메닝 이스음 민준.]

민준	안녕하세요 사르도르! 제 이름은 민준입니다.

[타니스가늠단 후르산드만 민준. 스즈 카예를릭스즈?]

사르도르	만나서 반갑습니다 민준. 어느 나라 사람이십니까?

[멘 커레야릭만. 스즈치?]

민준	저는 한국인입니다. 당신은요?

[멘 에사 오즈베키스턴릭만. 부 예르다 탈라바므스즈?]

사르도르	저는 우즈베크인입니다. 당신은 여기 대학생이십니까?

[하, 멘 부 예르다 탈라바만.]

민준	네, 저는 여기 대학생입니다.

유의어 / 대치어

Men koreyalikman.
저는 한국인입니다.
= Men Koreyadan kelganman.
저는 한국에서 왔습니다.

* 나라 이름 뒤에 ~lik 접사가 없으면 그 나라 이름이 꼭 대문자로 쓰인다.

Ⓐ 인칭대명사

인칭	단수		복수	
1 인칭	Men	나	Biz	우리
2 인칭	Sen	너	Siz	너희/당신
3 인칭	U	그/그녀	Ular	그(녀)들

Men koreyalikman. 나는 한국인이다.

Biz talabamiz. 우리는 대학생이다.

U amerikalik. 그는 미국인이다.

Ular bolalar. 그들은 아이들이다.

Ⓑ 인칭대명사 격변화

인칭대명사는 다른 명사와 같이 격변화를 한다. 격변화는 인칭에 격조사를 첨가하면 되지만, 1, 2인 칭 단수의 소유격(–ning)과 목적격 조사(–ni)에서 n이 탈락하고 3인칭 단수 u는 여격, 처격(장소 격), 탈격에서 –n을 첨가한다.

주격	소유격	목적격	여격	처격	탈격
Men 나	Mening 나의	Meni 나를	Menga 나에게	Menda 나한테	Mendan 나로부터
Sen 너	Sening 너의	Seni 너를	Senga 너에게	Senda 너한테	Sendan 너로부터
U 그/그녀	Uning 그의/그녀의	Uni 그를/그녀를	Unga 그에게/그녀에게	Unda 그한테/그녀한테	Undan 그로부터/그녀로부터
Biz 우리	Bizning 우리의	Bizni 우리를	Bizga 우리에게	Bizda 우리한테	Bizdan 우리로부터
Siz 너희/당신	Sizning 너희들의/당신의	Sizni 너희들을/당신을	Sizga 너희들에게/당신에게	Sizda 너희들한테/당신한테	Sizdan 너희들로부터/당신으로부터
Ular 그(녀)들	Ularning 그들의/그녀들의	Ularni 그들을/그녀들을	Ularga 그들에게/그녀들에게	Ularda 그들한테/그녀들한테	Ulardan 그들로부터/그녀들로부터

Mening ismim Anvar. 나의 이름은 안바르입니다.

Sizga aytadigan gapim bor. 당신에게 드릴 말씀이 있다.

Unda kitob bor. 그한테 책이 있다.

Bizning uyimiz. 우리의 집.

ⓒ 인칭어미

우즈베크어에는 서술어에 명사류의 품사가 올 수 있다. 이 때 서술어에 주어의 행위자를 나타내는 인칭어미가 사용된다. 인칭어미의 형태는 크게 3가지로 나누는데, 주어가 인칭대명사일 때는 서술에서 사용되는 인칭어미는 제1형 인칭어미라고 한다. 구어체로 가끔 3인칭어미는 생략된다.

인칭	단수		복수	
1 인칭	Men (나)	–man	Biz (우리)	–miz
2 인칭	Sen (너)	–san	Siz (너희/당신)	–siz
3 인칭	U (그/그녀)	–(dir)	Ular 그(녀)들	–(lar)

Men talaba<u>man</u>. 나는 대학생이다.

Ular bolalar (인칭어미 없음). 그들은 아이들<u>이다</u>.

Siz juda go'zal<u>siz</u>. 당신은 아주 예쁩니다.

Biz o'zbek tili talabalar<u>imiz</u>. 우리는 우즈베크어(우즈베크어를 배우는) 대학생들이다.

ⓓ 의문대명사

Kim?	누구?	Nima?	무엇?
Qanaqa?	어떤 종류? / 어떤?	Qanday?	어떤?
Necha?	얼마? (셀 수 있는 양)	Qancha?	얼마? (셀 수 없는 것)
Qayer?	어디?	Qayoq?	어느 쪽?
Qaysi?	어느 것?		

U kim? 그는 누구입니까?

Bu nima? 이것은 무엇입니까?

Sizning ismingiz nima? 당신의 이름이 무엇입니까?

Qayerdan kelgansiz? 어디에서 오셨습니까?

1. 다음 제시어를 〈보기〉와 같이 –lik 어미를 사용해 문장을 완성해 보세요.

인칭대명사 :   ~lik (–man, –san, –miz, –siz)

| 보기 | Men / O'zbekiston   ▶ Men o'zbekistonlikman.   (그는 우즈베크인이다.)

(1) Sen / Koreya

    ▶ _____   (너는 한국인이다.)

(2) U / Xitoy

    ▶ _____   (그는 중국인이다.)

(3) Siz / Amerika

    ▶ _____   (당신은 미국인이다.)

(4) Siz / Toshkent

    ▶ _____   (당신은 타슈켄트인이다.)

2. 다음 〈보기〉와 같이 의문대명사를 넣어 문장을 완성해 보세요.

| 보기 | 수업이 어떻습니까?   ▶ Dars qanday?

(1) 그는 누구입니까?   ▶ U _____ ?

(2) 그곳이 어디입니까?   ▶ U yer _____ ?

(3) 사과가 몇 kg입니까?   ▶ Olma _____ kg?

(4) 이것이 무엇입니까?   ▶ Bu _____ ?

3. 다음 우즈베크어를 해석해 보세요.

(1) Assalomu alaykum.

▶ _____

(2) Mening ismim Soyon.

▶ _____

(3) Men koreyalikman.

▶ _____

(4) Men talabaman.

▶ _____

4. 녹음을 듣고 빈칸을 채워 보세요.   MP3 01-3

(1) Sening _____ nima?

(2) Biz _____.

(3) Men _____.

(4) Bu yerda _____. _____?

(5) _____ _____ juda qiziq.

어깨너머 우즈베키스탄 /

· 우즈베키스탄의 인사법 ·

우즈베키스탄의 인사법은 인사말부터 인사할 때의 행동까지 무척 다채로운 편입니다. 한국에서도 상대가 윗사람, 친구, 아랫사람에 따라 인사법이 다르듯, 우즈베키스탄에서도 인사를 건네는 상대가 누구인지에 따라 인사말과 인사법이 다릅니다.

먼저, 상대가 처음 만난 사람이거나 가까운 사이가 아닌 경우, 또는 윗사람일 때는 가볍게 악수를 하며 "아살럼알레이쿰. Assalomu alaykum."이라고 인사말을 전합니다. 일부 이슬람 국가에서는 남녀가 악수하며 인사를 나누는 것이 일반적이지 않은 경우도 있지만, 우즈베키스탄에서는 처음 보는 남녀라도 자연스럽게 악수를 하며 인사를 나눕니다.

한편, 아주 가까운 관계이거나 오랜만에 만나는 반가운 사람에게는 서로 포옹하며 인사를 하는데, 이때 가장 기본적인 인사말인 "살럼. Salom."이라고 말합니다. 포옹할 때는 상대의 어깨를 가볍게 감싸며 오른쪽 볼과 왼쪽 볼에 각각 한 번씩 볼을 가볍게 맞댑니다.

흥미로운 것은 같은 인사라도 여자와 남자의 인사법이 조금씩 다릅니다. 물론 남자들도 여자들과 같이 서로를 껴안으며 볼을 맞대기도 하지만 대부분의 남자들은 악수를 하는 동시에 포옹만 하는 경우가 많습니다.

그리고 자신보다 나이가 아주 많은 윗사람이나 존경과 사랑을 표현하고자 하는 웃어른과 악수할 때는 남자들은 꼭 두 손으로 악수하고 여자들은 오른손을 가슴에 올려 "아살럼알레이쿰. Assalomu alaykum."이라고 말하며 인사합니다. 인사법은 일상생활에서도 자주 볼 수 있지만, 집안의 식구들이 한자리에 모이는 명절 때 특히 자주 볼 수 있습니다.

우즈베키스탄의 인사법

Dars 02

Dars juda qiziqarli bo‘ldi.

수업이 아주 재미있었어.

학습 포인트

대화할 때 과거에 일어났던 일들에 대해 자신의 의견을 말할 수 있다면 대화 내용이 더 재미있어 질 겁니다. 과거에 있었던 경험, 기분이나 몸 상태에 대해 말할 때 필요한 거시적 과거시제와 형용사에 대해 배워 보겠습니다.

주요 문법

● **Bo‘lmoq** 동사 ● **~niki** 어미 ● 거시적 과거시제
● 형용사 ● **emas–**

기분에 대해 묻고 대답하기

Qalaysan?	어떻게 지내?
Bugun kayfiyatim yaxshi.	오늘 기분이 좋습니다.
Yaxshi, rahmat.	좋습니다, 감사합니다.
Yaxshimisiz?	(기분이) 좋으십니까?
Kayfiyatim yaxshi emas.	기분이 좋지 않습니다.

경험에 대해 이야기하기

Dars qanday boʻldi?	수업이 어땠어?
Dars juda qiziqarli boʻldi.	수업이 아주 재미있었습니다.
Imtihon qiyin boʻldi.	시험이 어려웠습니다.

작별 인사

Xayr!	안녕!
Mayli, xayr!	그래, 안녕!
Yaxshi qoling.	안녕히 계십시오.
Yaxshi boring.	안녕히 가십시오.

단어	뜻	비고
Qalaysan?	어떻게 지내?	아주 가까운 사이거나 나이 어린 사람과 인사할 때도 Salom!(안녕!)의 대답으로 쓰인다.
Yaxshi	좋은	
Yomon	나쁜	
bo'lmoq	되다	영어의 'to be' 동사와 유사하다.
Bormoq	가다	
Imtihon	시험	Imtihon topshirmoq 시험을 보다
Ovqat	음식	문어체로 taom이라고도 한다. taomnoma 메뉴
Yemoq	먹다	Yedirmoq (사동사) 먹이다
Ko'rmoq	보다, 구경하다	Ko'rinmoq (피동사) 보이다
Uy vazifasi	숙제	Uy(집) + Vazifa(해야 할 일)
Bajarmoq	하다	Uyga vazifani bajarmoq. 숙제를 하다.
Yangi	새로운	부사와 형용사가 동일하다. [부사] Yangi mashina 새로운 자동차 [형용사] Yangi keldi. 새로 왔다.
Eski	늙은, 오래된	부사와 형용사가 다르다. [부사] Eski mashina 늙은/오래된 자동차 [형용사] Eskicha kiyinmoq. 보수적으로 옷을 입다.
Velosiped	자전거	

회화 맛보기

민준의 첫 우즈베크어 수업이 끝났습니다.
민준은 니고라와 함께 첫 수업에 대한 이야기를 나누고 있습니다.

핵심단어 ▶

- ☐ **Yaxshiman.** 나는 잘 지내고 있다.
- ☐ **Qanday bo'ldi?** 어땠어? (어떻게 되었어?)
- ☐ **Juda** 아주

- ☐ **Meniki** 내 것
- ☐ **Seniki** 니 것
- ☐ **tugamoq** 끝나다

잠깐만요! ⭐

■ 기분이나 몸 상태를 말할 때

yaxshiman. 좋습니다.

uncha yaxshi emasman. 별로 좋지 않습니다.

우즈베크인들은 가끔 친분이 없고 나이가 비슷하거나 어린 사람과 인사할 때 **yaxshimisiz?** (좋으십니까?)라고 인사하기도 합니다. 대답은 보통 **yaxshi rahmat.**(좋습니다. 감사합니다.)라고 합니다.

◀ 어휘 플러스

■ 안부표현

[문어체]   kayfiyatingiz qanday? 기분이 어떠십니까?

[구어체]   kayfiyatlar qalay? 기분들 어떠십니까?

■ 자주 쓰이는 안부표현

질문	대답
Ishlar qalay? 일들이 어떠십니까?	
Ishlar yaxshimi? 일들이 좋습니까?	Rahmat, yaxshi. 감사합니다. 좋습니다.
Yaxshi yuribsizmi? 잘 지내십니까?	Yomon emas, rahmat.
Tuzukmisiz? 괜찮으십니까?	나쁘지 않습니다, 감사합니다.
Ahvollaringiz yaxshimi? 건강이 어떠십니까?	Juda yaxshi. 아주 좋습니다.
O'zingiz yaxshi yuribsizmi?	Hammasi yaxshi. 다 좋습니다.
당신은 잘 지내십니까?	

회화 익히기

회화

Nigora	Salom Minjun! Qalaysan?
Minjun	Salom Nigora! Men yaxshiman. Sen-chi?
Nigor	Men ham yaxshiman. Darsing tugadimi?
Minjun	Ha, tugadi. Sening darsing-chi?
Nigora	Meniki ham tugadi. Dars qanday bo'ldi?
Minjun	Dars juda qiziqarli bo'ldi. Sening darsing qanday bo'ldi?
Nigora	Meniki esa juda qiyin bo'ldi.

선생님의 한마디!

편한 사이에 인사하는 경우에는 보통 Qalaysan?(어떻게 지내?)라고 합니다.

해석

니고라 [살럼 민준! 칼라이산?]
안녕 민준아! 어떻게 지내?

민준 [살럼 니고라! 멘 야흐쉬만. 센치?]
안녕 니고라! 나는 잘 지내고 있어. 너는?

니고라 [멘 함 야흐쉬만. 다르싱 투가드므?]
나도 잘 지내고 있어. 수업 끝났어?

민준 [하 투가드. 세닝 다르싱치?]
응, 끝났어. 너의 수업은?

니고라 [메느키 함 투가드. 다르스 칸다이 볼드?]
내 수업도 끝났어. 수업 어땠어?

민준 [다르스 주다 크즈카를리 볼드. 세닝 다르싱 칸다이 볼드?]
수업이 아주 재미있었어. 너의 수업은 어땠어?

니고라 [메느키 에사 주다 크인 볼드.]
내 수업은 아주 어려웠어.

유의어 / 대치어

qanday bo'ldi?
(문어체) 어땠어?
= qalay bo'ldi?
(구어체) 어떻게 됐어?

* 문장 가운데에 나오는 esa 란 단어는 가벼운 뜻의 전환과 대립을 나타낸다.

38   New The 바른 우즈베크어 STEP 1

Nigora	Salom Minjun! Qalaysiz?
Minjun	Salom Nigora! Men yaxshiman. Siz-chi?
Nigor	Men ham yaxshiman. Darsingiz tugadimi?
Minjun	Ha, tugadi. Sizning darsingiz-chi?
Nigora	Meniki ham tugadi. Dars qanday bo'ldi?
Minjun	Dars juda qiziqarli bo'ldi.
	Sizning darsingiz qanday bo'ldi?
Nigora	Meniki esa juda qiyin bo'ldi.

선생님의 한마디!

인칭대명사 sen(너), u(그)는 복수형으로 변할 때 존댓말이 됩니다.
Sen(너) → Siz(당신)
U(그/그녀) → Ular(그들/그녀들)

[살럼 민준! 칼라이스즈?]
니고라 안녕 민준! 어떻게 지내세요?
[살럼 니고라! 멘 야흐쉬만. 스즈치?]
민준 안녕 니고라! 저는 잘 지내고 있습니다. 당신은요?
[멘 함 야흐쉬만. 다르싱그즈 투가드므?]
니고라 저도 잘 지내고 있습니다. 수업 끝났어요?
[하 투가드. 스즈닝 다르싱그즈치?]
민준 네, 끝났습니다. 당신의 수업은요?
[메니키 함 투가드. 다르스 칸다이 볼드?]
니고라 내 수업도 끝났습니다. 수업이 어땠어요?
[다르스 주다 크즈카를리 볼드. 스즈닝 다르싱그즈 칸다이 볼드?]
민준 수업이 아주 재미있었어요. 당신의 수업은 어땠어요?
[메느키 에사 주다 크인 볼드.]
니고라 제 수업은 아주 어려웠어요.

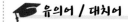 유의어 / 대치어

우즈베크어는 모음 i가 보통 짧게 발음되며 특히 존댓말 어미 ~siz, ~ sizmi?를 발음할 때 [ㅡ] 소리가 납니다.

Ⓐ Boʻlmoq 동사

'되다'의 의미로 영어의 **to be** 동사와 유사하다. 형용사와 같이 쓰이고 상태나 경험에 대해 말할 때 사용한다.

[질문]	의문대명사 + boʻlmoq?	(동사 시제에 맞춘다)
[대답]	형용사 + boʻlmoq.	(동사 시제에 맞춘다)

Soat necha boʻldi? 몇 시입니까?

Imtihon qanday boʻldi? 시험이 어땠습니까?

Kino juda qiziqarli boʻldi. 영화가 아주 재미있었습니다.

Ovqat mazali boʻldi. 음식이 맛있었습니다.

미래에 어떤 사건이나 일의 존재 여부를 말할 때 **boʻlmoq**(되다, 있다) 동사가 쓰인다.

Kelasi yil kuzda mevalar koʻp boʻladi. 내년 가을에 과일이 많이 있을 겁니다.

Ertaga bayram, dars boʻlmaydi. 내일 공휴일이라서 수업이 없을 겁니다.

Ertaga kelmasang boʻlmaydi. 내일 오지 않으면 안 돼.

Soat 9 gacha uyda boʻlaman. 9시까지 집에 있을 겁니다.

Ⓑ –niki 어미 (~것이/것이다)

보통 대화 또는 문장 가운데 쓰이며 대화나 문장 내용에 이미 쓰였던 명사를 두 번 말하지 않기 위해 사용한다.

> 명사/대명사 + niki

[질문]	의문대명사 + niki?
[대답]	명사/인칭대명사 + niki.

Mening ismim Anvar. Seniki-chi? 내 이름이 안바르입니다. 니 것이(이름이) 무엇입니까?

Meniki esa Yujin. 내 것이(이름이) 유진입니다.

Bu kitob kimniki? 이 책이 누구 것입니까?

Bu kitob uniki. 이 책이 그의 것입니다.

ⓒ 거시적 과거시제

● 긍정형: 동사어간 + di + 제3형 인칭어미(–m, –ng/k, –ngiz, –lar)

[Bormoq 가다]

인칭	단수	복수
1 인칭	Bor + di + m	Bor + di + k
2 인칭	Bor + di + ng	Bor + di + ngiz
3 인칭	Bor + di	Bor + di + lar

● 부정형: 동사어간 + ma + di + 제3형 인칭어미

인칭	단수	복수
1 인칭	Bor + ma + di + m	Bor + ma + di + k
2 인칭	Bor + ma + di + ng	Bor + ma + di + ng
3 인칭	Bor + ma + di	Bor + ma + di + lar

● 의문형: 긍정형/부정형 + mi?

존댓말로 말할 때 2인칭 복수형을 사용한다.

Bordingmi? 갔어?   [반말]
Bordingizmi? 가셨어요?   [존댓말]

다른 사람이 한 행동에 대해 말할 때 존댓말로 말하려면 3인칭 복수형을 사용한다.

U keldi. 그는 왔다.   [반말]
Dadam keldilar. 아버지께서 오셨다.   [존댓말]

Sen muzeyga bordingmi? 너는 박물관에 갔니?
Ha, bordim. Sen-chi? 응, 갔어. 너는?
Siz imtihon topshirdingizmi? 당신은 시험을 보셨습니까?
Men imtihon topshirmadim. 저는 시험을 안 봤습니다.

ⓓ 형용사

의문대명사 **Qanday?**(어떤?), **Qanaqa?**(어떤? 무슨?), **Qaysi?**(어느?)에 대한 대답으로 사람이나 사물의 성질·상태·존재 등을 나타낸다. 문장에서 주어와 같은 기능을 하는 체언 앞에서 꾸며 주는 관형어의 역할과 문장 주체의 성질이나 상태를 나타내는 서술어의 역할을 한다.

● 형용사의 급

① 원급

다른 사물과 관계없이 사물의 구체적인 특징을 나타내는 형용사의 기본 형태이다.

Yangi 새로운, 신선한   **Eski** 오래된, 낡은
Toza 깨끗한   **Katta** 큰

② 비교급

다른 사물과 비교하여 대/소, 고/저, 원/근, 강/약 등을 나타내는 형용사로 기본형태인 원급에 접사 **-roq**을 첨가한다.

> 비교대상 + **dan ko'ra** + 원급(원형) + **roq**

* ~ dan ko'ra 보다 더

Baland 높은   →   **Balandroq** 더 높은
Uzun 긴   →   **Uzunroq** 더 긴

Bekdusan tog'i Bukhansan tog'idan ko'ra baland**roq.** 백두산은 북한산 보다 더 높다.
Sirdaryo Amudaryodan ko'ra uzun**roq.** 스르다르여 강이 아무다르여 강 보다 더 길다.

③ 최상급

최상급은 **eng** 형용사 원형으로 나타난다. **Eng**은 여럿 가운데 어느 것보다 뛰어날 때 '가장'의 의미를 가진다. 다른 사물과 비교하여 최고의 상태를 나타낼 때 사용한다.

> **Eng** + 원급

Eng baland 가장 높은   **Eng yaxshi** 가장 좋은
Eng uzun 가장 긴   **Eng kalta** 가장 짧은

E emas- (〜지 않다, 〜이/가 아니다)

부정형의 문장들은 명사 또는 형용사 뒤에 emas-를 붙임으로 써 만들어진다.

> Sen talaba emassan. 너는 대학생이 아니다.
>
> Lola *va* Barno band emaslar. 룰라와 바르노는 바쁘지 않다.
>
> Men oʻqituvchi emasman. 나는 선생님이 아니다.
>
> Biz kasal emasmiz. 우리는 아프지 않다.

구어체로 명사나 형용사 뒤에 오는 emas-는 같은 단어로 발음된다. 이경우에 emas-의 첫번째 글자 e가 생략된다.

> Kasalmasmiz. 아프지 않다.
>
> Bandmasman. 바쁘지 않다.
>
> Karim shifokormas. 카림은 의사가 아니다.
>
> Xursandmassiz. 기쁘지 않으시다.

1. 다음 제시어를 〈보기〉와 같이 –niki 어미로 문장을 완성해 보세요.

| 보기 |　　 daftar / sen　　　　　▶ daftar seniki.　(공책은 너의 것이다.)

(1) U kitob / u

▶ _____　(그 책은 그의 책이다.)

(2) Bu velosiped / men

▶ _____　(이 자전거는 나의 자전거다.)

(3) Men / ism / Anvar / sen?

▶ _____　(나의 이름은 안바르다. 너의 이름은?)

(4) Dars qiyin / sen?

▶ _____　(수업이 어려웠다. 너의 수업은?)

(5) Biz / oson

▶ _____　(우리 수업은 쉬웠어.)

2. 다음 〈보기〉와 같이 동사들을 인칭변화 과거시제형으로 바꿔 보세요.

동사 :　 –dim ｜ –ding ｜ –di ｜ –dik ｜ –dingiz ｜ –dilar

		1인칭		2인칭		3인칭	
		단수	복수	단수	복수	단수	복수
보기	Oʻqimoq	Men oʻqidim	biz oʻqidik	sen oʻqiding	siz oʻqidingiz	u oʻqidi	ular oʻqidilar
(1)	Kelmoq						
(2)	Bormoq						
(3)	Koʻrmoq						
(4)	Uchrashmoq						
(5)	Yozmoq						

3. 다음 제시어를 〈보기〉와 같이 알맞게 배열하여 문장을 완성해 보세요.

| 보기 |　　Men / kecha / bormoq　　▶ Men kecha bordim.　　(나는 어제 갔다.)

(1) U / bugun / ko'rmoq

　▶ _____　　　(그를 오늘 봤다.)

(2) Sanjar bilan / kechqurun / uchrashmoq [부정형]

　▶ _____　　　(산자르와 저녁에 만나지 않았다.)

(3) Men / o'tkan hafta / kelmoq

　▶ _____　　　(나는 지난주에 왔다.)

(4) Sen / yozda / bormoq [부정형]

　▶ _____　　　(너는 여름에 가지 않았다.)

(5) Men / ertalab / ovqat yemoq

　▶ _____　　　(나는 아침에 식사를 했다.)

4. 녹음을 듣고 빈칸을 채워 보세요.　　　　　　　　　　🔘 MP3 02-3

(1) Everest tog'i _____ _____ .

(2) Anvar _____ .

(3) Bu ovqat _____ .

(4) _____ velosiped

(5) _____ bino

어깨너머 우즈베키스탄

· 우즈베키스탄의 사계절 ·

우즈베키스탄은 한국과 마찬가지로 사계절이 뚜렷하지만, 계절이 변화하는 시간이 조금 다릅니다. 우즈베키스탄의 봄은 3월부터 시작하고 4월부터 대부분 지역의 기온이 6~20℃까지 올라가 매우 따뜻해집니다. 5월은 봄과 여름 사이의 기온이 유지되고 건조하지 않아 여행하기에 가장 좋은 시기입니다. 강수량이 적어 봄의 선선함과 상쾌함을 느끼면서 살 수 있는 우즈베키스탄 만의 기후적 장점이라고 할 수 있습니다.

우즈베키스탄의 대부분 지역은 사막성 기후에 속하기 때문에 여름 날씨가 매우 덥고 건조한 편입니다. 한국과 달리 장마철이 없으므로 여름의 낮 기온이 40℃까지 올라가도 그늘에 들어가면 시원함을 느낄 수 있습니다. 여름은 본격적으로 6월부터 시작하고 9월 말까지 더운 날씨가 이어집니다. 이후에는 한국의 가을 날씨처럼 기온이 대부분 7~15℃ 사이이며 비도 적당히 내리고 건조하지 않기 때문에 산책하거나 야외활동에 아주 좋은 시기가 됩니다. 11월 중순부터 기온이 영하로 내려가기 시작해 겨울이 시작됩니다.

우즈베키스탄의 겨울은 매우 독특합니다. 북부지역에는 기온이 영하 20℃까지 내려가기도 하지만 남부 지역에는 날씨가 비교적 따뜻하고 가을 날씨가 오래 유지됩니다. 한국과 달리 우즈베키스탄은 겨울 강설량이 제법 높은 편이어서 스키를 많이 즐길 수 있습니다.

Kutubxona qayerda?

도서관이 어디에 있습니까?

학습 포인트

사람과 사물의 위치를 묻고 설명하는 방법을 배우겠습니다. 길을 설명할 때는 동사의 명령법과 상황에 맞는 격조사를 활용해야 합니다.

주요 문법

● 동사의 명령법 ● 지시대명사 ● 지시대명사의 격변화

질문하기

Bir narsa so'rasam maylimi?　　　뭐 좀 물어봐도 되나요?

Ha, Albatta!　　　　　　　　네, 물론이죠!

Mehmonxonaga qanday borsam bo'ladi?

　　　　　　　　　호텔에 어떻게 갈 수 있습니까?

위치 물어보기

Kutubxona qayerda?　　　　도서관이 어디에 있습니까?

Bu yerda muzey bormi?　　　여기에 박물관 있습니까?

Uzur. Bilmayman.　　　　죄송합니다. 모르겠습니다.

길 설명하기

Xaritadan ko'rsatib yuboring, iltimos. 지도로 보여 주세요.

Mana bu bino yonida teatr bor.

　　　　　　　(바로) 이 건물 옆에 극장이 있습니다.

Sizni tushunmadim.　　　당신을 이해하지 못했습니다.

단어	뜻	비고
Kutubxona	도서관	xona란 한국어로 '방'이란 뜻이고 kutub는 kitob(책)이란 단어의 옛말이다.
Mehmonxona	호텔	Mehmon(손님) + xona(방)
Muzey	박물관	
Bilmoq	알다	정보나 지식에 대해서 '알다'란 의미
Xarita	지도	
Bino	건물	
Iltimos	제발, 부탁드립니다	무엇인가를 간절히 바라거나 부탁할 때 쓰인다. 영어로 please와 유사하다.
Burilmoq	돌리다	오른쪽이나 왼쪽으로 돌리는 행동을 의미한다.
Yurmoq	가다, 걷다	'어떤 방향으로 가다'를 의미하다. O'ngga yurmoq. 오른쪽으로 가다.
Bozor	시장	
Kasalxona	병원	Kasal(아픈 사람) + xona(방)

■ 방향 Tomon

동서남북		상하좌우		앞뒤옆	
Sharq	동	Ust	상	Old	앞
G'arb	서	Past	하	Orqa	뒤
Janub	남	Chap	좌	Yon	옆
Shimol	북	O'ng	우		

회화 맛보기

민준은 학교 캠퍼스에서 도서관을 찾고 있습니다. 학교에서 우연히
만나게 된 오조다란 여학생에게 도서관이 어디에 있는지 물어 보려고 말을 걸었습니다.

핵심단어

- ☐ Kechirasiz. 죄송합니다.

- ☐ Bilaman. 알고 있어요.

- ☐ Koʻrsatib yuboring. 보여 주세요.

- ☐ Oʻquv binosi 학교 건물

- ☐ ~ da joylashgan. ~에 위치합니다.

- ☐ Orqasida (어떤 사물의) 뒤쪽에

- ☐ Oʻngga buriling.

  오른쪽으로 가세요. (우회전하세요.)

- ☐ Toʻgʻriga yuring. 직진하세요.

- ☐ Arzimaydi. 천만에요.

- ☐ Tushundim. 알았어요. 이해했어요.

무엇인가를 요청하거나 부탁할 때 **iltimos**이란 단어를 사용합니다. **Iltimos**는 '제발'이란 뜻도 있지만 대화에 '부탁드립니다'의 뜻으로 자주 나옵니다.

> **Mehmonxonani ko'rsatib yuboring**, iltimos.
> 호텔을 (어디에 있는지) 보여 주세요, 부탁드립니다.

> **Iltimos, meni kechiring**. 제발, 저를 용서해 주세요.

Kechirasiz와 **uzur**는 한국어로 '죄송합니다'를 의미하며 모르는 사람에게 처음으로 말을 걸 때 쓰입니다.

> **Kechirasiz, Navoiy ko'chasi qayerda?** 죄송합니다, 나보이 거리가 어디입니까?
> **Uzur, bir narsa so'rasam maylimi?** 죄송하지만, 뭐 좀 물어 봐도 됩니까?

어휘 플러스

대화를 할 때 대화 내용을 잘 이해 못하는 경우가 생길 수 있습니다.
정보를 다시 알려 달라고 할 때 사용되는 몇가지 어휘를 배워 보겠습니다.

Avtobus bekati qayerda dedingiz?	버스 정류장이 어디라고 하셨습니까?
Xaritadan ko'rsatib yuboring, ilimos.	지도에서 보여 주세요, 부탁드립니다.
Kechirasiz, nima dedingiz?	죄송합니다, 뭐라고 하셨습니까?
Sekinroq gapiring, yaxshi tushunmayapman.	천천히 말해 주세요, 잘 이해가 안됩니다.
Qayta tushuntirib bering, iltimos.	다시 설명해 주세요, 부탁드립니다.

회화 익히기

회화

Minjun	Kechirasan. Bir narsa so'rasam maylimi?
Ozoda	Ha, albatta.
Minjun	Kutubxona qayerda? Bilasanmi?
Ozoda	Ha, bilaman.
	Kutubxona o'quv binosi orqasida joylashgan.
Minjun	Xaritadan ko'rsatib yubor.
Ozoda	Shu yerdan to'g'riga yurib, o'ngga buril.
	O'quv binosi orqasida kutubxona bor.
Minjun	Tushundim. Rahmat!
Ozoda	Arzimaydi!

선생님의 한마디!

우즈베키스탄 사람들도 한국 사람들과 같이 동양의 문화를 가지고 있으므로 상대방의 나이가 적거나 친한 친구 사이가 아닌 이상 처음부터 반말을 쓰지는 않습니다. 하지만 아는 친구와 함께 대화할 때는 반말로 하는 경우가 많습니다.

해석

민준	미안. 뭐 좀 물어봐도 돼?
오조다	응, 그럼.
민준	도서관이 어디에 있어? 알아?
오조다	응, 알아.
	학교 건물 뒤에 있어.
민준	지도에서 보여 줘.
오조다	여기에서 직진해서, 우회전해.
	학교 건물 뒤에 도서관이 있어.
민준	알았어. 고마워!
오조다	천만에!

유의어 / 대치어

Joylashgan(위치하다)는 위치를 말할 때 bor(있다) 대신 자주 쓰인다.

Bino orqasida kutubxona joylashgan.
건물 뒤쪽에 도서관이 위치합니다.

Bino orqasida kutubxona bor.
건물 뒤쪽에 도서관이 있습니다.

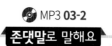

Minjun	Kechirasiz. Bir narsa so'rasam maylimi?
Ozoda	Ha, albatta.
Minjun	Kutubxona qayerda? Bilasizmi?
Ozoda	Ha, bilaman.
	Kutubxona o'quv binosi orqasida joylashgan.
Minjun	Xaritadan ko'rsatib yuboring, iltimos.
Ozoda	Shu yerdan to'g'riga yurib, o'ngga buriling.
	O'quv binosi orqasida kutubxona bor.
Minjun	Tushundim. Rahmat!
Ozoda	Arzimaydi!

선생님의 한마디!

• 존댓말 명령법/요청법
동사어간이 자음으로 끝나면
~ing, 모음으로 끝나면 ~ng를
붙입니다.

Bor! 가!
Boring. 가세요.

민준	죄송합니다. 뭐 좀 물어봐도 될까요?
오조다	네, 물론이죠.
민준	도서관이 어디에 있나요? 알고 계신가요?
오조다	네, 알아요.
	학교 건물 뒤에 있어요.
민준	지도에서 보여 주세요, 부탁드립니다.
오조다	여기에서 직진해서, 우회전하세요.
	학교 건물 뒤에 도서관이 있어요.
민준	알았어요. 감사합니다!
오조다	천만에요!

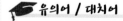 유의어 / 대치어

• 길 묻기
Dorixona qayerda?
Bilasizmi?
약국이 어디입니까?
혹시 아세요?
**= Dorixona qayerdaligini
bilasizmi?**
약국이 어디에 있는지 아세요?

A 동사의 명령법

명령형 종결 어미인 –(i)ng는 존칭을 사용할 때 쓰며 정중한 명령이나 권유를 나타낸다. 자음으로 끝나는 동사 뒤에 –ing, 모음으로 끝나는 동사 뒤에 –ng을 붙인다.

● 긍정형: 동사어간 + (i)ng [존칭]

o'tirmoq 앉다   aytmoq 얘기하다   to'xtamoq 멈추다

Sen(너) 2인칭	Siz(당신) 존칭	Sizlar(너희들) 복수형
O'tir. 앉아.	O'tiring. 앉으세요.	O'tiringlar. 앉으세요.
Ayt. 얘기해.	Ayting. 얘기하세요.	Aytinglar. 얘기하세요.
To'xta. 멈춰.	To'xtang. 멈추세요.	To'xtanglar. 멈추세요.

Kitobni o'qing. 책을 읽으세요.
Daftarga yozing. 공책에 쓰세요.
Stulga o'tiring. 의자에 앉으세요.
O'zbekistonga keling. 우즈베키스탄에 오세요.

● 부정형: 동사어간 + ma + ng

Sen(너) 2인칭	Siz(당신) 존칭	Sizlar(너희들) 복수형
O'tirma. 앉지 마.	O'tirmang. 앉지 마세요.	O'tirmanglar. 앉지 마세요.
Aytma. 얘기하지 마.	Aytmang. 얘기하지 마세요.	Aytmanglar. 얘기하지 마세요.
To'xtama. 멈추지 마.	To'xtamang. 멈추지 마세요.	To'xtamanglar. 멈추지 마세요.

Sigaret chekmang. 담배 피우지 마세요.
Darsga kechikmang. 수업에 늦지 마세요.
Kitobga yozmang. 책에 쓰지 마세요.
Derazani ochmang. 창문을 열지 마세요.

B 지시대명사

단수	복수	위치	
Bu 이것	Bular 이것들	Bu yer 여기	Bu yerda 여기에(서)
Shu 저것	Shular 저것들	Shu yer 저기	Shu yerda 저기에(서)
U 그것	Ular 그것들	U yer 거기	U yerda 거기에(서)

Bu ruchka. 이것은 볼펜입니다.

U yer mehmonxona. 거기는 호텔입니다.

Shu yerda to'xtang. 여기에서 세워 주세요.

U yerda bozor bor. 거기에 시장이 있어요.

C 지시대명사의 격변화

지시대명사도 인칭대명사와 같이 격변화된다. 특히 단수 지시대명사 여격(ga), 처격(da), 탈격(dan) 조사가 올 때, 격조사 앞에 –n이 첨가된다.

주격	소유격 (~의)	목적격 (~을/를)	여격 (~한테)	처격 (~에게)	탈격 (~으로부터)
Bu	Buning	Buni	Bunga	Bunda	Bundan
U	Uning	Uni	Unga	Unda	Undan
Shu	Shuning	Shuni	Shunga	Shunda	Shundan

Buni doim olib yuring. 이것을 항상 가지고 다니세요.

Kitobni oching. 책을 펴세요.

Unga kitobni berdim. 그에게 책을 줬어요.

Stulga o'tirdim. 의자에 앉았어.

1. 다음 〈보기〉와 같이 빈칸에 지시대명사를 넣어 문장을 완성해 보세요.

지시대명사 : Buni | Bu | U yerda | Unga | Shu

| 보기 |　Bu yer Muzeymi?　　　　　　　　　　　　　　　(여기는 박물관입니까?)

(1) _____ stul.　　　　　　　　　　　　　　(이것은 의자입니다.)

(2) _____ kutubxona joylashgan.　　　　　(거기에 도서관이 있습니다.)

(3) _____ tushunmadim.　　　　　　　　　(이것을 이해하지 못했습니다.)

(4) _____ kitobni olib keling.　　　　　　(저 책을 가지고 오세요.)

(5) _____ aytdim.　　　　　　　　　　　　(그에게 얘기했습니다.)

2. 다음 제시어를 〈보기〉와 같이 알맞게 배열하여 문장을 완성해 보세요.

| 보기 |　Kitob / ochmoq　　　▶ Kitobni oching.　　(책을 펴세요.)

(1) Stul / oʻtirmoq

　▶ _____　　(의자에 앉으세요.)

(2) Xona / kirmoq

　▶ _____　　(방에 들어가세요.)

(3) Kitob / yozmoq

　▶ _____　　(책에 쓰지 마세요.)

(4) Ruchka / men / bermoq

　▶ _____　　(볼펜을 저한테 주세요.)

(5) Eshik / ochmoq

　▶ _____　　(문을 열지 마.)

3. 다음 해석에 맞게 우즈베크어로 문장을 완성해 보세요.

    (1) A: Bozordan o'ngga buriling.

        B: _____ (죄송합니다. 시장이 어디라고 하셨습니까?)

    (2) A: Bu yer muzey.

        B: _____ (지도에서 보여 주세요.)

    (3) A: Chap tomonda mehmonxona joylashgan.

        B: _____ (죄송합니다. 다시 설명해 주세요.)

    (4) A: U kitob kutubxonada bor.

        B: _____ (뭐라고 하셨습니까?)

    (5) A: Mana bu bino yonida teatr bor.

        B: _____ (천천히 말해 주세요. 잘 이해가 안됩니다.)

4. 녹음을 듣고 빈칸을 채워 보세요. 🎧 MP3 03-3

Aziz   Kechirasiz, (1)_____ _____ mehmonxona bormi?

Ikrom   Ha, bozorning orqasida mehmonxona (2)_____ .

Aziz   Ko'rsatib yuboring (3)_____ .

Ikrom   Bozor yonidan (4)_____ _____ . U yerdan (5)_____ _____ .

Aziz   Sizni tushunmadim. (6)_____ _____ _____ .

Ikrom   Albatta. Bozor yonidan (7)_____ _____ , mehmonxona muzey

        yonida joylashgan.

Aziz   Tushundim. Rahmat!

· 우즈베키스탄의 음식 문화 ·

우즈베키스탄은 동양과 서양이 만나는 중앙아시아에 위치한 나라이기 때문에 음식 문화도 양쪽의 영향을 받았습니다. 과거 영토가 유럽에서 페르시아까지 걸친 알렉산드로스 3세 메가스 제국의 음식에서부터 발칸 반도, 중동 지역 및 동아시아와 남아시아 음식 문화가 한데 어우러져 조화를 이루면서 지금까지 발전해 왔습니다.

가장 널리 알려진 대표적인 우즈베키스탄 음식으로는 '팔러우Palov'를 꼽을 수 있습니다. 가끔 '어쉬osh'라고도 부릅니다. 간단히 소고기나 양고기 볶음밥이라고 할 수 있지만 보통, 기름으로 곡식 재료를 볶고 양념을 넣은 육수(묽은 수프)에 넣어 가열한 음식으로 결혼식이나 명절 때 빠지지 않는 우즈베키스탄 문화에 매우 중요한 접대 음식입니다. 팔러우는 2016년 12월에 유네스코 인류문화유산 대표 목록에 우즈베키스탄 전통 음식으로 기록되었습니다.

우즈베키스탄의 주식은 빵이며 주로 밀가루를 이용한 빵과 면을 많이 먹습니다. 대표적인 빵으로는 '섬사Somsa'를 꼽을 수 있습니다. 만드는 방식과 재료에 따라 종류가 다양하지만, 그중 가장 일반적으로 그냥 구운 '섬사'와 화덕에서 구운 '탄드르 섬사'가 있습니다. 속 재료로는 고기(주로 소고기나 양고기), 감자, 호박, 계절 음식 등 다양합니다. 거리에서 가장 많이 팔고 가격도 저렴한 편으로 2~3개 정도 먹으면 간단히 한 끼 때울 수 있을 정도로 열량도 높고 맛있는 음식입니다.

팔러우 (어쉬)

섬사

Men oʻzbek tilini oʻrganaman.

저는 우즈베크어를 배웁니다.

학습 포인트

반복되는 일에 대해서 말할 때 반드시 현재시제와 함께 시간을 구분해서
말하는 법을 알아야겠죠? 일의 순차적 표현과 좋고 싫음에 대해 말하는
법을 배워 보겠습니다.

주요 문법

● 현재미래시제 ● ~하기 전에 ● ~하고 나서

반복되는 일

Sherzod bankda ishlaydi.　　세르조드는 은행에서 일합니다.

Men har kuni soat yettida turaman.

저는 매일 7시에 일어납니다.

~하기 전에

Uxlashdan oldin kitob o'qiyman.　자기 전에 책을 읽습니다.

Nonushta qilishdan oldin dush qabul qilaman.

아침 식사를 하기 전에 샤워를 합니다.

~하고 나서

Ovqatdan so'ng dars qilaman.　　식사 후에 공부를 합니다.

Dars tugagandan so'ng tushlik qilaman.

수업이 끝나고 나서 점심 식사를 합니다.

단어	뜻	비고
Bo'lib ishlamoq	~(으)로 일하다	Maktabda o'qituvchi bo'lib ishlamoq. 학교에서 선생님으로 일하다.
Dars qilmoq	공부하다, 숙제하다	Dars(수업) + qimoq(하다)
Ertaga	내일	
Har kuni	매일	Har 매 Har hafta 매주
Ertalab	아침에	Ertalabki 아침에 관한 Ertalabki badan tarbiya 아침 체조
Hafta	주	
Indinga	모레	
Kechqurun	저녁에	저녁 7~9시 사이를 의미하는 시간
Nonushta qilmoq	아침 식사를 하다	Nonushta(아침 식사) + qilmoq(하다)
Tushlik qilmoq	점심 식사를 하다	Tushlik(점심 식사) + qilmoq(하다)
Kechki ovqat	저녁 식사	Kech(늦다) + ~ki + ovqat(음식) ~ki 접미사가 '~에 관한'이란 의미를 가지고 있다.
Qaytmoq	돌아오다	= qaytib kelmoq
Tugamoq	끝나다	
Uchrashmoq	만나다	= Ko'rishmoq 보다(만나다)
Soat ~da	~시에	Soat 10 da 10시에
Haqida	~에 대해서	Kitob haqida 책에 대해서 Men haqimdagi 나에 대해서

회화 맛보기

수업시간에 민준은 친구들과 선생님에게
자신의 하루 일과를 발표하고 있습니다.

핵심단어

- 7 da turaman. 7시에 일어납니다.

- Yuvinaman. 세수합니다.

- Nonushta qilaman. 아침 식사를 합니다.

- Avtobusda boraman. 버스로 갑니다.

- ~ ni yaxshi ko'raman. ~을/를 좋아합니다.

- ~ ni yomon ko'raman. ~을/를 싫어합니다.

- O'zbek tilini o'rganaman.
  우즈베크어를 배웁니다.

- Kitob o'qiyman. 책을 읽습니다.

- 10 da uxlayman. 10시에 잡니다.

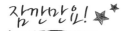

잠깐만요!

■ 반복되는 일에 대해 말할 때 자주 쓰이는 부사

Ba'zan 가끔	Har kuni 매일
Tez-tez 자주	Doim 항상
Barvaqt / Erta 일찍	Hech qachon 결코, 절대
Odatda 주로, 보통	Kamdan-kam 드물게

Men har kuni soat sakkizda turaman. 저는 매일 8시에 일어납니다.

U odatda maktabga avtobusda boradi. 그는 보통 버스로 학교에 갑니다.

Biz har kuni maktabga boramiz. 우리는 매일 학교에 갑니다.

Lola barvaqt turadi. 럴라는 일찍 일어난다.

어휘 플러스

■ 숫자 Sonlar

0	1	2	3	4	5	6	7	8	9
Nol	Bir	Ikki	Uch	To'rt	Besh	Olti	Yetti	Sakkiz	To'qqiz
10	20	30	40	50	60	70	80	90	100
O'n	Yigirma	O'ttiz	Qirq	Ellik	Oltmish	Yetmish	Sakson	To'qson	Yuz

■ 월 Oylar

1월	2월	3월	4월	5월	6월
Yanvar	Fevral	Mart	Aprel	May	Iyun
7월	8월	9월	10월	11월	12월
Iyul	Avgust	Sentabr	Oktabr	Noyabr	Dekabr

■ 요일 Hafta kunlari

월요일	화요일	수요일	목요일	금요일	토요일	일요일
Dushanba	Seshanba	Chorshanba	Payshanba	Juma	Shanba	Yakshanba

회화 익히기

반말로 말해요

회화

O'qituvchi Bugun barchamiz Minjunning bir kuni haqida eshitamiz.

Minjun Salom! Mening ismim Minjun. Men har kuni soat 7 da turaman. Turganimdan so'ng yuvinaman *va* nonushta qilaman. Men pishloq *va* yogurtni yaxshi ko'raman. Shuning uchun odatda nonushtada pishloq yoki yogurt yeyman. Soat 8 da avtobusda universitetga boraman. Men universitetda o'zbek tilini o'rganaman. Darsdan so'ng tushlik qilaman. Uyga soat 8 da qaytaman *va* biroz dam olib dars qilaman. Soat 10 da uxlayman. Lekin uxlashdan oldin albatta kitob o'qiyman.

해석

선생님 오늘은 다 같이 민준의 하루에 대해서 들어보자.

민준 안녕! 내 이름은 민준이야. 나는 매일 아침 7시에 일어나. 일어나서 세수하고 아침 식사를 해. 나는 치즈와 요거트를 좋아해. 그래서 보통 아침 식사에 치즈나 요거트를 먹어. 8시에 버스로 대학교에 가. 나는 대학교에서 우즈베크어를 배워. 수업 후에 점심을 먹어. 집에 8시에 돌아오고 조금 쉰 다음에 공부를 해. 10시에 잠을 자. 하지만 잠자기 전에 꼭 책을 읽어.

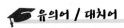

O'qituvchi Bugun barchamiz Minjunning bir kuni haqida eshitamiz.

Minjun Assalomu alaykum! Mening ismim Minjun. Men har kuni soat 7 da turaman. Turganimdan so'ng yuvinaman *va* nonushta qilaman. Men pishloq *va* yogurtni yaxshi ko'raman. Shuning uchun odatda nonushtada pishloq yoki yogurt yeyman. Soat 8 da avtobusda universitetga boraman. Men universitetda o'zbek tilini o'rganaman. Darsdan so'ng tushlik qilaman. Uyga soat 8 da qaytaman *va* biroz dam olib dars qilaman. Soat 10 da uxlayaman. Lekin uxlashdan oldin albatta kitob o'qiyman.

선생님의 한마디!

시간을 말할 때 오전과 오후는 점심을 기준으로, 오전은 Tushlikdan oldin(점심 전에), 오후는 Tushlikdan keyin(점심 후에)입니다.

Tushlikdan keyin 2 da dars tugaydi.
오후 2시에 수업이 끝납니다.

선생님 오늘은 다 같이 민준의 하루에 대해서 들어봅시다.
민준 안녕하세요! 제 이름은 민준입니다. 저는 매일 아침 7시에 일어납니다. 일어나서 세수하고 아침 식사를 합니다. 저는 치즈와 요거트를 좋아합니다. 그래서 보통 아침 식사에 치즈나 요거트를 먹습니다. 8시에 버스로 대학교에 갑니다. 저는 대학교에서 우즈베크어를 배웁니다. 수업 후에 점심을 먹습니다. 집에 8시에 돌아오고 조금 쉰 다음에 공부합니다. 10시에 잠을 잡니다. 하지만 잠자기 전에 꼭 책을 읽습니다.

유의어 / 대치어

~ ni yaxshi ko'raman. 또는 ~ni yoqtiraman.
(~을/를 좋아합니다.)
= [인칭대명사] + ga yoqadi
(~ 마음에 들다.)

Men olmani yaxshi ko'raman.
저는 사과를 좋아합니다.
= Menga olma yoqadi.
저는 사과가 마음에 든다.

Ⓐ 현재미래시제

일반적인 사실이나 습관적인 또는 반복되는 행동을 나타내거나 미래에 일어날 행동의 의미를 가지고 있다.

● 긍정형: 동사어간 + (자음) a/(모음) y + 제2형 인칭어미

인칭	단수	복수
1 인칭	Bor + a + man (저는) 갑니다	Bor + a + miz (우리는) 갑니다
2 인칭	Bor + a + san (너는) 갑니다	Bor + a + siz (당신은) 가십니다
3 인칭	Bor + a + di (그는) 갑니다	Bor + a + dilar (그들은) 갑니다

Men har kuni oʻzbek tilini oʻrganaman. 저는 매일 우즈베크어를 공부합니다.

U soat 8 da nonushta qiladi. 그는 8시에 아침 식사를 한다.

Siz ertaga maktabga kelasiz. 당신은 내일 학교에 오실 겁니다.

● 부정형: 동사어간 + ma + y + 제2형 인칭어미

인칭	단수	복수
1 인칭	Bor + ma +y + man (저는) 가지 않습니다	Bor +ma + y + miz (우리는) 가지 않습니다
2 인칭	Bor + ma + y + san (너는) 가지 않습니다	Bor + ma + y + siz (당신은) 가지 않습니다
3 인칭	Bor + ma + y + di (그는) 가지 않습니다	Bor + ma + y + dilar (그들은) 가지 않습니다

Jamila kechki ovqatni yemaydi. 자밀라는 저녁 식사를 하지 않습니다.

Biz sigaret chekmaymiz. 우리는 담배를 피우지 않습니다.

Uxlashdan oldin televizor koʻrmayman. 자기 전에 텔레비전을 보지 않습니다.

● 의문형: 긍정형/부정형 + mi?

Siz ertaga maktabga kelasizmi? 당신은 내일 학교에 오실 겁니까?

U oʻzbek tilini oʻrganadimi? 그는 우즈베크어를 배웁니까?

Sen tushlik qilmaysanmi? 너는 점심 식사를 안 하니?

B ~하기 전에

● 명사에 붙을 때

명사 + dan oldin

Imtihondan oldin 시험 전에   Nonushtadan oldin 아침 식사 전에
Darsdan oldin 수업 전에   Tushlikdan oldin 점심 식사 전에

● 동사에 붙을 때

동사어간 + ish/sh + dan oldin

Nonushta qilishdan oldin 아침 식사하기 전에
Gazeta o'qishdan oldin 신문을 읽기 전에
Ovqatlanishdan oldin 밥 먹기 전에

C ~하고 나서

● 명사에 붙은 때

명사 + dan so'ng 또는 keyin

Imtihondan so'ng 시험 후에   Nonushtadan so'ng 아침 식사 후에
Darsdan keyin 수업 후에   Tushlikdan keyin 점심 식사 후에

● 동사에 붙을 때

동사어간 + gan + 소유격 인칭화 어미 + dan so'ng 또는 keyin

Men ertalab turganimdan so'ng 나는 아침에 일어나고 나서
U kitob o'qiganidan so'ng 그는 책을 읽고 나서
Biz ovqatlanganimizdan keyin 우리는 식사하고 나서

* 소유격 인칭화 어미는 6과에서 자세히 배우겠습니다.

1. 다음 〈보기〉에서 알맞은 단어로 빈칸을 채워 문장을 완성해 보세요.

| 보기 |　　gazeta o'qiyman　　　　darsdan keyin　　　　maktabga boraman

　　　　　　nima yoqadi　　　　　　qayerda ishlaydi

(1) A: Sen nonushtadan so'ng nima qilasan?

　　B: Men nonushtadan so'ng _____ .

(2) A: Dars tugagandan keyin tushlik qilasanmi?

　　B: Yo'q, _____ kutubxonaga boraman.

(3) A: Uxlashdan oldin nima qilasan?

　　B: Uxlashdan oldin _____ .

(4) A: Senga _____ ?

　　B: Menga o'zbek taomlari yoqadi.

(5) A: Sayyora _____ ?

　　B: Sayyora dorixonada ishlaydi.

2. 다음 빈칸에 제시어에 맞게 넣어 문장을 완성해 보세요.

(1) Men dush qabul qil_____ nonushta qilaman.　　　[~하기 전에]

(2) Sen nonushta qil_____ gazeta o'qiysanmi?　　　[~하기 전에]

(3) Kutubxonadan kel_____ nima qilasan?　　　[~하고 나서]

(4) Darsim tuga_____ uyga boraman.　　　[~하고 나서]

(5) Men ertalab tur_____ suv ichaman.　　　[~하고 나서]

3. 다음 문장을 우즈베크어로 바꿔 보세요.

(1) 저는 매일 8시에 학교에 갑니다.

▶ _____

(2) 아침에 일어나서 샤워를 합니다.

▶ _____

(3) 샤워하고 나서 아침 식사를 합니다.

▶ _____

(4) 저는 보통 저녁 식사를 하지 않습니다.

▶ _____

(5) 당신은 도서관에 자주 가십니까?

▶ _____

4. 녹음을 듣고 내용이 맞으면 (○), 틀리면 (✕)를 표기해 보세요.　　　　MP3 **04-3**

(1) Aziz har kuni soat 8 da turadi.　　　　(○ , ✕)

(2) Aziz soat 6 da koreys tilini o'rganadi.　　　　(○ , ✕)

(3) U kechqurun kitob o'qiydi.　　　　(○ , ✕)

(4) Aziz uxlashdan oldin televizor ko'radi.　　　　(○ , ✕)

(5) Azizga koreys filmlari yoqadi.　　　　(○ , ✕)

어깨너머 우즈베키스탄 /

· 우즈베키스탄의 차 문화 ·

우즈베키스탄의 여러 식사 문화 중 대표적인 것은 '차 문화'라고 할 수 있습니다. 우즈베키스탄 사람들에게 차는 문화를 넘어 일상이며 삶 자체입니다.

'처이낙choynak'이라는 찻주전자와 '피욜라piyola'라는 찻잔을 이용해 차를 마시는데 주전자와 찻잔의 디자인이나 크기는 지역과 가정에 따라 다를 수 있습니다. 예를 들어 타슈켄트 지역에는 비교적 작은 찻잔을 사용하고 다른 지역에서는 좀 더 큰 찻잔을 사용합니다. 타슈켄트에서 비교적 작은 찻잔을 사용하는 이유는 큰 찻잔에 차를 따라 놓으면 차가 빨리 식어 버리기 때문에 찻주전자에서 차를 따라 오래도록 뜨거운 차를 마시려는 의도에서입니다.

이에 비해 지방에서 비교적 큰 찻잔을 사용하는 이유는 실용성 때문입니다. 찻잔이 작으면 아무래도 자주 따라야 하는데 외부 일이 많았던 지방에서는 자주 차를 따라야 하는 작은 찻잔은 너무 번거로웠기에 한번에 차를 많이 따라 마시고 다음 일상으로 넘어가야 했기 때문입니다.

우즈베키스탄 사람들은 보통 홍차 또는 녹차를 마십니다. 향기를 가미한 차나 허브차 등을 별로 선호하지 않는데 타슈켄트 지역에서는 '커라 초이qora choy(홍차)'를 즐겨 마시고 다른 지역에서는 '콕 초이ko'k choy(녹차)'를 즐겨 마십니다. 타슈켄트와 주변 지역은 다른 지역에 비해 북쪽에 위치해 있어 몸의 원활한 운동을 돕고 따뜻하게 하는 홍차를 즐겨 마시게 되었고 남부 지역에서는 몸의 기운을 안정시키고 차분하게 돕는 녹차를 마시게 되었습니다.

Choynak(주전자) va piyola(찻잔)

Bog'da sayr qilyapman.

공원에서 산책하고 있습니다.

학습 포인트

현대인에게 전화는 일상생활의 필수품이 되었다고 할 수 있습니다. 전화 표현과 함께 동사의 현재진행시제를 이용한 상태 표현을 배우겠습니다.

주요 문법

● 현재진행시제 ● ~와/과 함께, ~랑/이랑 같이 ● ~ㄹ/을 만하다

전화 받을 때

Allo.   여보세요.

Eshitaman.   네 여보세요. (듣고 있습니다.)

통화할 때

Kechirasiz, Lola shu yerdami? 죄송합니다, 럴라가 거기 있습니까?

Azizni chaqirib bering, iltimos.   아지즈를 불러 주시겠어요?

Ha, hozir.   네, 잠깐만요.

Karim yoʻq edi. Kechroq telefon qiling.

카림은 없는데요. 이따가 전화해 주시겠어요?

현재진행시제를 사용한 표현

Men kitob oʻqiyapman.   저는 책을 읽고 있습니다.

U musiqa tinglayapti.   그녀는 음악을 듣고 있다.

Biz uyga ketyapmiz.   우리는 집에 가고 있습니다.

단어	뜻	비고
Allo	여보세요	= Allo eshitaman.
Bog'	공원	
Qilmoq	~하다	'어떤 일을 하다'의 표현
Tinglamoq	듣다	musiqa tinglamoq. 음악을 듣다.
Musiqa	음악	
Kino	영화	Kinoteatr(영화관)이란 단어가 따로 있지만 그냥 kino(영화)라고 자주 쓰인다.
Gaplashmoq	대화하다	Men u bilan gaplashdim. 나는 그와 대화했다.
Hozir	지금, 잠깐	Hozir 다음에 문장이 있으면 '지금'이란 뜻이고, 문장이 없으면 '잠깐만, 금방(빨리)'란 뜻이다.
Chaqirmoq	부르다	통화할 때 chaqirib bermoq(불러 주다)형태로 자주 쓰인다.
Eshitmoq	듣다	'어떤 소리를 듣다'란 의미이다. Tinglamoq은 영어의 'to listen'이랑 비슷하고, eshitmoq은 'to hear'와 비슷하다.
Telefon qilmoq	전화하다	
Telefon raqami	전화번호	Raqam 번호
Uyali telefon	휴대전화	
Telefonni qo'ymoq	전화를 끊다	Qo'ymoq은 원래 '놓다'란 뜻이다. '전화의 수화기를 놓다' 즉 '전화를 끊다'의 의미이다.
Telefonni olmoq	전화를 받다	
Band	바쁘다, 통화중이다	Men bugun bandman. 나는 오늘 바쁘다. Telefon band. 통화 중이다.
Kutmoq	기다리다	
Sayr qilmoq	산책하다	Sayr 산책

회화 맛보기

공원에서 산책 중이던 럴라에게 민준이 전화를 했습니다.
민준은 럴라에게 내일 함께 영화 보러 가자는 제안을 합니다.

핵심단어 ▶

☐ **Men bu [이름]man.**

저는 ○○입니다. (통화할 때나 얼굴이 안 보이는 상태)

☐ **Menda hammasi joyida.** 나는 다 괜찮아.

☐ **Ko'rishga arzigulik** 볼 만한

☐ **Bilan birga** ~와/과 함께, ~랑/이랑 같이

☐ **Vaqtim bor/yo'q.** 시간이 있다/없다.

☐ **Chunki** 왜냐하면

☐ **Yaxshi.** 좋아요.

☐ **Ko'rishguncha!** 안녕!, 다음에 봐! (헤어질 때)

잠깐만요! ★

'요즘 어떤 일을 하면서 지낸다'의 의미로 말할 때 현재진행시제가 쓰입니다.

Shu kunlarda nima qilyapsan? 요즘 뭐 하고 있니?
O'zbek tili o'rganyapman. 우즈베크어를 배우고 있어.

Shu kunlarda nima qilyapsan? (요즘 뭐 하고 있니?) 대신, 구어체로 Shu kunlarda nima bilan bandsan? (요즘 뭐하면서 바쁘니?), Shu kunlarda nima qilib yuribsan? (요즘 뭐 하고 다니니?)라고도 쓸 수 있습니다.

어휘 플러스

■통화할 때 자주 쓰이는 표현들

Shahnozani mumkinmi? 샤흐노자 가능합니까?

Iloji bo'lsa, Lolani chaqirib bering. 가능하면 럴라를 불러 주세요.

Menga Anvar kerak edi. 저에게 안바르가 필요합니다.

Kechirasiz, kim bo'lasiz? 죄송합니다. 누구세요?

Nima deb qo'yay? 뭐라고 전해 줄까요?

Mayli xo'p. 네 알겠어요.

회화 익히기

반말로 말해요

회화 ▶

Lola	Allo, eshitaman.
Minjun	Allo. Lola, bu men Minjunman. Qalaysan?
Lola	Minjun! Men yaxshiman. O'zing-chi?
Minjun	Menda ham hammasi joyida. Nima qilyapsan?
Lola	Bog'da sayr qilyapman. Sen-chi?
Minjun	Men esa shu kunlarda ko'rishga arzigulik kino qidiryapman. Bugun tushlikdan so'ng kinoga men bilan borasanmi?
Lola	Bugun tushlikdan so'ng vaqtim yo'q. Chunki darsim bor. Ertaga vaqtim bo'ladi.
Minjun	Unda ertaga tushlikdan keyin ko'rishamiz.
Lola	Yaxshi. Ko'rishguncha!
Minjun	Xayr.

해석 ▶

럴라	네, 여보세요.
민준	여보세요. 럴라, 나 민준이야. 어떻게 지내?
럴라	민준아! 나는 잘 지내고 있어. 너는?
민준	나도 다 괜찮아. 뭐하고 있어?
럴라	공원에서 산책하고 있어. 너는?
민준	요즘 볼만한 영화를 찾고 있어. 오늘 오후에 나랑 같이 영화 보러 갈래?
럴라	오늘 오후에는 시간이 없어. 왜냐하면 수업이 있거든. 내일 시간이 돼.
민준	그럼 내일 오후에 만나자.
럴라	좋아. 그럼 만날 때까지 안녕!
민준	안녕.

🎓 **유의어 / 대치어**

똑같은 질문을 반복하지 않기
위해 쓰이는 Sen-chi? 대신
O'zing-chi도 쓰인다.

Lola	Allo, eshitaman.
Minjun	Allo. Lola, bu men Minjunman. Qalaysiz?
Lola	Minjun! Men yaxshiman. O'zingiz-chi?
Minjun	Menda ham hammasi joyida. Nima qilyapsiz?
Lola	Bog'da sayr qilyapman. Siz-chi?
Minjun	Men esa shu kunlarda ko'rishga arzigulik kino qidiryapman. Bugun tushlikdan so'ng kinoga men bilan borasizmi?
Lola	Bugun tushlikdan so'ng vaqtim yo'q. Chunki darsim bor. Ertaga vaqtim bo'ladi.
Minjun	Unda ertaga tushlikdan keyin ko'rishamiz.
Lola	Yaxshi. Ko'rishguncha!
Minjun	Yaxshi qoling.

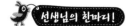

선생님의 한마디!

Bilan birga(~이랑/랑 같이)
대신 가끔 bilan 형태로도 쓰입
니다.

Men bilan birga
= Men bilan 나랑 같이

럴라	네, 여보세요.
민준	여보세요. 럴라, 저는 민준인데요. 어떻게 지내세요?
럴라	민준씨! 저는 잘 지내고 있죠. 민준씨는요?
민준	저도 다 괜찮아요. 뭐하고 계세요?
럴라	공원에서 산책하고 있어요. 민준씨는요?
민준	요즘 볼만한 영화를 찾고 있어요. 오늘 오후에 저랑 같이 영화 보러 가실래요?
럴라	오늘 오후에 시간이 없는데요. 왜냐하면 수업이 있어서요. 내일 시간이 돼요.
민준	그럼 내일 오후에 만납시다.
럴라	좋아요. 그럼 만날 때까지 안녕히 계세요!
민준	안녕히 계세요.

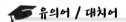

유의어 / 대치어

• 어떤 제안에 긍정적인 대답을
  할 때

Yaxshi. = xo'p mayli. 좋아요.

Ⓐ 현재진행시제

과거에 시작되었고 현재 진행 중이며, 아직 끝나지 않은 사건이나 행위를 표현할 때 사용한다. 동사 어간에 현재진행시제 어미와 함께 제2형 인칭어미를 붙여준다.

● 긍정형: 동사어간 + yap + 제2형 인칭어미

인칭	단수	복수
1 인칭	Bor + yap + man (저는) 가고 있습니다	Bor + yap + miz (우리는) 가고 있습니다
2 인칭	Bor + yap + san (너는) 가고 있습니다	Bor + yap + siz (당신은) 가고 있습니다
3 인칭	Bor + yap + ti (그는) 가고 있습니다	Bor + yap + tilar (그들은) 가고 있습니다

Hozir daftarga yozyapman. (나는) 지금 공책에 쓰고 있습니다.

U uyga ketyapti. 그는 집에 가고 있습니다.

Lola Aziza bilan gaplashyapti. 럴라는 아지자와 대화하고 있습니다.

Biz dars qilyapmiz. 우리는 공부하고 있습니다.

● 부정형: 동사어간 + ma + yap + 제2형 인칭어미

인칭	단수	복수
1 인칭	Bor + ma + yap + man (저는) 가고 있지 않습니다	Bor + ma + yap + miz (우리는) 가고 있지 않습니다
2 인칭	Bor + ma + yap + san (너는) 가고 있지 않습니다	Bor + ma + yap + siz (당신은) 가고 있지 않습니다
3 인칭	Bor + ma + yap + ti (그는) 가고 있지 않습니다	Bor + ma + yap + tilar (그들은) 가고 있지 않습니다

Men hozir kitob oʻqimayapman. 나는 지금 책을 읽고 있지 않습니다.

U uyga ketmayapti. 그는 집에 가고 있지 않습니다.

Anvar maktabga bormayapti. 안바르는 학교에 가고 있지 않습니다.

Biz kutubxonaga ketmayapmiz. 우리는 도서관에 가고 있지 않습니다.

● 의문형: 긍정형/부정형 + mi?

Siz kelyapsizmi? 당신은 오고 계십니까?
U yozyaptimi? 그는 쓰고 있습니까?
Ular ketyaptilarmi? 그들은 가고 있습니까?
Siz kitob o'qiyapsizmi? 당신은 책을 읽고 있습니까?

Ⓑ ~와/과 함께, ~랑/이랑 같이

보통 인칭대명사와 함께 쓰이며 '함께, 같이'의 의미를 가지고 있다. 문장 가운데 birga 또는 bilan birga 형태로 쓰인다.

┌─────────────────────────────────┐
│   명사 + bilan (birga)   │
└─────────────────────────────────┘

Men bilan birga kutubxonaga borasizmi? 저랑 같이 도서관에 가실래요?
U bilan birga o'zbek tili o'rganamiz. 그녀와 함께 우즈베크어를 배웁니다.
Ertaga maktabga Lola bilan boramiz. 내일 학교에 롤라와 함께 갈 겁니다.
Aziz bilan telefonda gaplashyapti. 그는 아지즈와 통화하고 있습니다.

Ⓒ ~ㄹ/을 만하다

어떤 일 또는 행동을 할 가치가 있다는 것을 나타낸다. 문장 가운데 arzimoq(가치가 있다) 동사가 arzigulik(~ㄹ/을 가치가 있다) 형태로 쓰인다.

┌─────────────────────────────────┐
│   동사어간 + sh/ish + ga arzigulik   │
└─────────────────────────────────┘

Bu muzey ko'rishga arzigulik muzey. 이 박물관은 볼 만한 박물관입니다.
O'qishga arzigulik kitob bormi? 읽을 만한 책이 있어요?
Yakshanba kuni borishga arzigulik joy bormi? 일요일에 갈 만한 곳이 있나요?
Bu yerda qolishga arzigulik mehmonxona bormi? 여기에 머물 만한 호텔 있나요?

1. 다음 〈보기〉에서 알맞은 단어로 빈칸을 채워 문장을 완성해 보세요.

| 보기 | ketyaptilar   o'rganyaptilar   qilyapsan   gazeta   ketyaptimi

(1) A: Sen nima _____?

   B: Men kitob o'qiyapman.

(2) A: Ular nima qilyaptilar?

   B: Ular kinoga _____.

(3) A: Ular nima o'rganyaptilar?

   B: O'zbek tilini _____.

(4) A: U kutubxonaga _____?

   B: Yo'q, u uyga ketyapti.

(5) A: Nima o'qiyapsan?

   B: _____ o'qiyapman.

2. 다음 현재진행시제를 사용하여 문장을 완성해 보세요.

(1) Sen shu kunlarda _____?   [현재진행시제 의문형]

(2) Siz maktabga _____?   [현재진행시제 의문형]

(3) Bu yerda o'zbek tili _____.   [현재진행시제 긍정형]

(4) Biz telefonda _____.   [형재진행시제 긍정형]

(5) Ular kinoga _____.   [현재진행시제 부정형]

3. 다음 제시어를 알맞게 배열하여 문장을 완성해 보세요.

(1) Kutubxona / Minjun bilan birga / bormoq

▶ _____

(2) Ko'rmoq / ~ga arzigulik / kino / bor?

▶ _____

(3) U / telefon / qilmoq

▶ _____

(4) Anvar / bilan / dars qilmoq

▶ _____

(5) Hozir / uy / ketmoq?

▶ _____

4. 다음 통화 내용을 듣고 빈칸에 알맞은 대화 내용을 넣어 보세요.   🎧 MP3 05-3

A: Allo!

B: (1)_____ _____ .

A: Assalomu alaykum! (2)_____ _____ ?

B: Vaalekum assalom. Yo'q bu Aziz emas. (3)_____ _____ ?

A: Men Azizning do'stiman. (4)_____ _____ _____ _____ .

B: Hozir Aziz uyda yo'q. (5)_____ _____ _____ ?

A: (6)_____ _____ .

어깨너머 우즈베키스탄

· 타슈켄트의 관광명소 ·

● 독립광장 (Mustaqillik Maydoni)

무스타킬릭은 우즈베크어로 '독립'이라는 뜻으로 소련으로부터 독립한 것을 기념하는 장소입니다. 1960년대에는 '레닌 광장'으로 불리며 광장 중심에 구소련에서 가장 큰 레닌의 동상이 서 있었지만, 독립 이후에는 '독립광장'으로 불리며 독립 기념탑에 우즈베키스탄 지도를 표시한 지구본(우즈베키스탄의 독립을 사징) 아래에 아기를 안고 있는 행복한 어머니상이 있습니다. 우즈베키스탄의 중요 행사들이 이 광장에서 실시되며 광장 주변에 정부 사무실과 국회의사당 상원 건물 등이 있습니다. 또한, 독립광장 입구에는 1,991개의 분수가 있는데 우즈베키스탄이 독립한 1991년을 상징합니다.

● 타슈켄트 지하철 (Toshkent Metropoliteni)

타슈켄트 지하철은 1970년에 건설되었습니다. 소련으로부터 독립한 후에 지어진 지하철역들로 구성되어 있으므로 러시아와 우즈베크 건축 스타일의 조합을 볼 수 있는 아름다운 곳입니다. 우즈베키스탄의 유명한 인물들과 역사가 그려진 예술작품들도 장식되어 있으므로 박물관 같은 느낌이 나기도 합니다. 노선도 3개 노선으로만 되어있어 혼자 다녀도 헷갈리지 않는 곳입니다.

● 타슈켄트 TV 타워 (Toshkent Teleminorasi)

타슈켄트 TV 타워는 375m 높이로 1979년에 착공하여 1981년에 완공되었습니다. 중앙아시아에서 가장 높은 타워이기 때문에 타슈켄트 어디에서나 볼 수 있고 318m 높이로 올라가면 전망대에서 아름다운 도시를 볼 수 있습니다. 타워 근처에 '타슈켄트 랜드'라고 부르는 공원은 산책하기에 좋은 곳입니다.

Dars

06

Oilangizda necha kishi?

가족이 몇 명입니까?

학습 포인트

사회생활을 하다 보면 자연스럽게 가족에 대해 이야기를 하게 됩니다.
가족과 주변 사람을 소개하는 표현과 나이를 말하는 법을 배우겠습니다.

주요 문법

● 인칭대명사의 소유격 ● 명사의 인칭화 어미
● 복합 명사와 명사형 어미 ● ~고 싶다

가족 소개하기

Mening otam firmada ishlaydilar.

저희 아버지는 회사에서 일하십니다.

Mening onam o'qituvchilar. 저희 어머니는 선생님이십니다.

Mening ikkita singlim bor. 저는 여동생 두 명이 있습니다.

주변 사람 소개하기

Tanish, bu mening do'stim Anvar. 인사해, 내 친구 안바르야.

Tanishinglar, bu kishi mening otamlar.

인사하세요, 이분은 저희 아버지입니다.

Bu qiz Nargiza, u mening kursdoshim.

이 여자는 제 동기 나르기자입니다.

나이 묻고 대답하기

Necha yoshsiz? 몇 살이세요? (나이가 어떻게 되세요?)

23 yoshdaman. 23살입니다.

Aziz necha yoshda? 아지즈가 몇 살입니까?

20 yoshda. 20살입니다.

단어	뜻	비고
Oila	가족	Mening oilam 우리 가족
Ota-ona	부모	
Buva	할아버지	가끔 Bobo(나이가 많은 할아버지)라고도 부른다.
Buvi	할머니	
Qaynota	시아버지	↔ Qaynona 장모, 시어머니
Ota	아버지	Mening otam 우리 아버지 [구어체] Dada 아빠
Ona	어머니	Mening onam 우리 어머니 [구어체] Oyi = Aya 엄마
Amaki	삼촌, 작은 아버지	자기보다 나이 많은 모르는 남자를 부를 때도 쓰인다. Amaki! 아저씨!
Amma	고모, 아버지의 누나, 여동생	Ammavachcha 고모의 딸, 고모의 아들
Er	남편	
Rafiqa	부인	= Turmush o'rtoq 인생의 동반자 [구어체] xotin 아내
Kuyov	사위	문장의 내용에 따라 '신랑'이라는 의미도 있다. ↔ Kelin 며느리
Farzand	자식	[구어체] bola(아이)라고 자주 쓰인다.
Aka	형, 오빠	– 형, 오빠 똑같이 부른다. – 자기보다 나이 많은 남자 이름 뒤에도 aka라고 붙이는 경우가 많다. Aziz aka 아지즈 형 – Katta akam 큰형
Opa	누나, 언니	– 누나, 언니 똑같이 부른다. Kichik opam 작은누나
Singil	여동생	Mening singlim * 소유격 접미사가 붙을 때 i 가 생략된다 ↔ Uka 남동생
O'g'il	아들	To'ng'ich 맏~ (맏아들) ↔ Qiz 딸, 아가씨
Jiyan	조카	Amakivachcha 사촌 형, 사촌 동생
Nabira	손자, 손녀	
Egizak	쌍둥이	

회화 맛보기

민준은 집에 놀러온 니고라에게 자신의 가족 사진을 보여주며
한국에 있는 가족들을 소개하고 있습니다.

- Kabi ~처럼

- Do'st 친구 (Tanish 지인)

- Fakultet 과 (대학교의 학과)

- O'zbek tili fakulteti 우즈베크어과

- Tanishtirmoq 소개시키다

- Tanishmoq 처음으로 알게 되다

- Yosh ① 나이 ② 눈물

- Kishi ① 남자의 높임말: 분 ② ~명

잠깐만요! ★

우즈베크어로 나이를 말하는 표현은 여러 방법이 있습니다.

① 숫자 + yosh + da + 인칭어미

　Necha yoshdasiz? 몇 살입니까?

　　Men yigirma yoshdaman. 저는 20살입니다.

　　Siz qirq besh yoshdasiz. 당신은 45살입니다.

　　Jiyanim oʻn sakkiz yoshda. 조카가 18살입니다.

② Yosh + 소유격 어미 + 숫자 + da

　Yoshingiz nechada? 몇 살입니까?

　　Yoshim yigirma ikkida. 내 나이는 22살입니다.

　　Ukamning yoshi oʻn beshda. 남동생의 나이는 15살입니다.

　　Nozimaning yoshi yigirma olti yoshda. 노지마의 나이는 26살입니다.

어휘 플러스

■ 직업 Kasblar

Haydovchi	운전기사	Jurnalist	저널리스트
Tadbirkor	사업가	Oshpaz	요리사
Militsiya	경찰관	Direktor	사장
Oʻt oʻchiruvchi	소방관	Huquqshunos	법학자
Harbiy	군인	Professor	교수
Arxitektor	건축가	Bankir	은행원

회화 익히기

회화 ▶

Nigora	Minjun, senda oilang rasmi bormi?
Minjun	Ha, bor. Mana bu.
Nigora	Bu kishi kim?
Minjun	Bu kishi mening otam. Otam 52 yoshda. Firmada ishlaydilar. Otam golfni yaxshi ko'radilar. Bu kishi esa mening onam. Onam maktabda o'qituvchi bo'lib ishlaydilar. Matematikani o'rgatadilar. Mening akam yoki ukam yo'q, mening opam *va* singlim bor. Opam bankda hisobchi bo'lib ishlaydi. Singillarim esa universitetda o'qiydi. Ular kelajakda onam kabi o'qituvchi bo'lishni istaydilar. Men ota-onam, opam *va* singillarimni juda yaxshi ko'raman.

선생님의 한마디!

손에 들고 있거나 바로 옆에 있는 것을 보여 줄 때 bu(이것) 앞에 mana(바로)란 단어가 붙습니다.

해석 ▶

니고라	민준아, 너 가족사진 있어?
민준	응, 있어. 여기.
니고라	이 분은 누구야?
민준	이 분은 우리 아버지야. 아버지는 52살이셔. 회사원이야. 아버지는 골프를 좋아하셔. 이 분은 우리 어머니야. 어머니는 학교에서 선생님이야. 수학을 가르치셔. 나는 형이나 남동생이 없어. 나는 누나와 여동생이 있어. 누나는 은행에서 회계사로 일해. 여동생들은 대학생이야. 그녀들은 미래에 어머니처럼 선생님이 되고 싶어 해. 나는 우리 부모님, 누나와 여동생들을 아주 좋아해.

유의어 / 대치어

~ kabi ~처럼 :
Onam kabi 어머니처럼

~dek ~와 같이 :
Onamdek 어머니와 같이

~ga o'xshab ~와 비슷하게 :
Onamga o'xshab
어머니와 비슷하게

Katta 큰 ↔ Kichik 작은

Nigora	Minjun, sizda oilangiz rasmi bormi?
Minjun	Ha, bor. Mana bu.
Nigora	Bu kishi kim?
Minjun	Bu kishi mening otam. Otam 52 yoshda. Firmada ishlaydilar. Otam golfni yaxshi ko'radilar. Bu kishi esa mening onam. Onam maktabda o'qituvchi bo'lib ishlaydilar. Matematikani o'rgatadilar. Mening akam yoki ukam yo'q, mening opam *va* singlim bor. Opam bankda hisobchi bo'lib ishlaydi. Singillarim esa universitetda o'qiydi. Ular kelajakda onam kabi o'qituvchi bo'lishni istaydilar. Men ota-onam, opam *va* singillarimni juda yaxshi ko'raman.

선생님의 한마디!

여러 사람을 소개할 때는 처음에만 Bu kishi(이분)이라고 말하며, 이후 사람들에게는 높임말과 상관없이 Bu(이것/이)라고 해도 됩니다.

니고라	민준씨, 당신에게 가족사진이 있어요?
민준	네, 있어요. 여기에요.
니고라	이 분은 누구세요?
민준	이 분은 우리 아버지이세요. 아버지께서는 52살이세요. 회사원이세요. 아버지는 골프를 좋아하세요. 이 분은 우리 어머니이세요. 어머니는 학교에서 선생님이세요. 수학을 가르치세요. 저는 형이나 남동생이 없어요. 저는 누나와 여동생이 있어요. 누나는 은행에서 회계사로 일해요. 여동생들은 대학생이에요. 그녀들은 미래에 어머니처럼 선생님이 되고 싶어해요. 저는 우리 부모님, 누나와 여동생들을 아주 좋아해요.

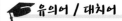

유의어 / 대치어

o'qimoq은 원래 '읽다'이지만 ~da o'qimoq 형태로 '~에서 공부하다'의 의미를 가진다.

Kitob o'qiyman.
책을 읽습니다.

Universitetda o'qiyman.
대학교에서 공부합니다.

ⓐ 인칭대명사의 소유격

인칭대명사		소유격	
나/저	Men	나의/저의	Mening
우리	Biz	우리의	Bizning
너	Sen	너의	Sening
너희들/당신들(높임말)	Siz	너희들의/당신들의(높임말)	Sizning
그/그녀	U	그의/그녀의	Uning
그들/그녀들	Ular	그들의/그녀들의	Ularning

Maktabning 학교의   Uyning 집의   O'qituvchining 선생님의
Muzeyning 박물관의   Kitobning 책의   Daftarning 공책의

ⓑ 명사의 인칭화 어미

인칭대명사의 소유격을 나타낼 때는 뒤에 오는 명사에 반드시 소유격 어미를 붙여야 한다. 이 명사에 인칭화 어미가 붙기 때문에 문장 속에 따로 소유격이 없어도 이 명사가 누구의 소유인지 알 수 있다.

소유격		자음으로 끝나는 명사	모음으로 끝나는 명사
나의/저의	Mening	~ im	~ m
우리의	Bizning	~ imiz	~ miz
너의	Sening	~ ing	~ ng
너희들의/당신들의	Sizning	~ ingiz	~ ngiz
그의/그녀의	Uning	~ i	~ si
그들의/그녀들의	Ularning	~ lari	~ lari

Mening kitobim 나의 책   Mening xonam 나의 방
Bizning kitobimiz 우리의 책   Bizning xonamiz 우리의 방
Sening kitobing 너의 책   Sening xonang 너의 방
Sizning kitobingiz 당신의 책   Sizning xonangiz 당신의 방
Uning kitobi 그의 책   Uning xonasi 그의 방
Ularning kitoblari 그들의 책   Ularning xonalari 그들의 방
Minjunning kitobi 민준의 책   Minjunning xonasi 민준의 방

C 복합 명사와 명사형 어미

명사와 명사가 결합하여 복합 명사가 될 경우에는 소유격이 붙지 않고, 단어 끝에 명사형 어미만 붙는다.

> **명사 1 + 명사 2 + 명사형 어미**

O'zbek 우즈베크 + til 언어	→	O'zbek tili 우즈베크어
Tarjimonlik 통번역 + fakultet 과	→	Tarjimonlik fakulteti 통번역과
Futbol 축구 + o'yinchi 선수	→	Futbol o'yinchisi 축구 선수
Mashina 자동차 + firma 회사	→	Mashina firmasi 자동차 회사
Oziq-ovqat 음식품 + do'kon 가게	→	Oziq-ovqat do'koni 음식품 가게(마트)

D ~고 싶다

동사어간에 명사화어미인 (~ish/sh)와 함께 istamoq 또는 xohlamoq(원하다)를 쓴다. istamoq 또는 xohlamoq에는 시제와 주어에 따른 인칭어미를 반드시 붙여야 한다.

> **동사 + ish/sh + ni + istamoq**
> **동사 + ish/sh + ni + xohlamoq**

Men kelajakda shifokor bo'lishni xohlayman.
나는 미래에 의사가 되고 싶습니다.

U mehmonxonaga borishni istaydi.
그는 호텔에 가고 싶어 한다.

Biz ertaga kutubxonaga borishni xohlaymiz.
우리는 내일 도서관에 가고 싶습니다.

Men Samarqandga sayohat qilishni xohlayman.
나는 사마르칸트에 여행을 가고 싶습니다.

1. 다음 〈보기〉에서 알맞은 단어로 빈칸을 채워 문장을 완성해 보세요.

| 보기 |　22 yoshda　　singlimning　　muzeyi　　kelajakda　　futbol o'yinchisi

(1) A: Bekzod qayerga ketyapti?

　　B: Bekzod tarix _____ga ketyapti.

(2) A: Akang necha yoshda?

　　B: Akam _____.

(3) A: Bu kimning kitobi?

　　B: Bu _____ kitobi.

(4) A: Sening do'sting kelajakda kim bo'lishni istaydi?

　　B: _____ _____ bo'lishni istaydi.

(5) A: Sen _____ kim bo'lishni istaysan?

　　B: Men shifokor bo'lishni istayman.

2. 다음 빈칸에 알맞은 인칭화 어미와 격조사를 넣어 보세요.

(1) Bu men____ oila____.

(2) Oila____ katta.

(3) Oilada ota-ona____, opa____, uka____ *va* singlim bor.

(4) Opa____ turmushga chiqqan.

(5) Opa_____ ikki farzand____ bor.

3. 다음 〈보기〉와 같이 명사의 인칭화 어미와 격조사를 사용해 문장을 완성해 보세요.

| 보기 | Mening onam oziq-ovqat do'konida ishlaydilar.   [음식품 가게]

(1) Mening opam universitetda _____ o'qiydi.   [통번역과]

(2) U kelajakda _____ bo'lishni istaydi.   [축구 선수]

(3) Bugun sizga _____ tanishtirishni istayman.   [나의 친구를]

(4) _____ qayerga ketyapti?   [당신의 남동생]

(5) _____ maktabda o'qiydi.   [그의 여동생]

4. 녹음을 듣고 빈칸을 채워 보세요.   💿 MP3 **06-3**

Aziz   Farhod, (1)_____ _____ necha yoshda?

Farhod   Mening (2)_____ _____ _____.

Aziz   (3)_____ universitetning qaysi fakultetida o'qiydi?

Farhod   Ukam universitetning (4)_____ _____ o'qiydi.

Aziz   (5)_____ _____ ham kelajakda shu fakultetda

      o'qishni istaydi.

어깨너머 우즈베키스탄

• 우즈베키스탄의 가족 문화 •

우즈베키스탄과 한국은 지리적으로 서로 많이 떨어져 있는 국가이지만 문화적으로 비슷한 부분도 있습니다. 우즈베키스탄도 한국의 전통가족문화와 같이 대가족문화를 이루고 있습니다. 최근 들어 여러 가지 이유로 핵가족이 많아지는 추세이기는 하지만 아직도 대가족이 핵가족보다 많은 편입니다. 우즈베키스탄에서 대가족이 많은 이유는 우즈베크인들이 아이들을 무척 좋아하기 때문입니다. 평균적으로 2~3명의 자녀를 두고 있어서 항상 즐겁고 유쾌한 가족의 분위기를 유지합니다. 현재 우즈베키스탄의 청소년과 청년이 총인구의 60%를 차지할 정도로 출산율이 높습니다.

우즈베크인들은 한국 사람들보다 일찍 결혼하는 편입니다. 한국인은 보통 30대에 결혼하는 반면 우즈베크인은 보통 20대 초반에 결혼합니다. 여러 가지 이유가 있지만, 그중 하나가 우즈베크의 부모님들은 자식들을 정해진 나이에 결혼시키는 것을 부모로서의 사명감이라고 생각하기 때문입니다. 보통 부모님들은 아들이나 딸이 취직하고 일하기 시작하면 결혼에 관해 이야기하기 시작합니다. 특히 우즈베크 여자의 경우 19살에서 24살 사이에 결혼하는 경우가 많습니다.

전통의상을 입고 있는 우즈베크 가족

Tarvuz necha pul?

수박이 얼마입니까?

학습 포인트

우즈베키스탄에서는 과일이나 채소를 마트보다는 시장에서 더 싸게 살 수 있습니다. 하지만 시장에서 쓰이는 표현을 모르면 그것도 힘든 일이 죠. 시장에 관한 표현들을 배워 보겠습니다.

주요 문법

● 필요성 표현 (1) ● 복합 동사 ● **Nechta? / Necha? / Qancha?** 의문사

가격 물어보기

Tarvuz necha pul?   수박이 얼마입니까?

Tarvuz qanchadan?/necha puldan?

(양을 말할 때) 수박 한 개에 얼마입니까?

가격 말하기

Besh yuz so'm.   500솜입니다.

Ikki ming so'mdan.   (한 개에) 2,000솜입니다.

물건 사기

Ikkita bering.   2개 주세요.

Bir kilo torting.   (무게 확인해서) 1kg 계산해 주세요.

O'rab bering.   포장해 주세요.

단어	뜻	비고
Arzon	싸다	
Bermoq	주다	
Bozor qilmoq	장보다	Bozor(시장) + qilmoq(하다)
Faqat	만, 오직	Faqat은 단어 앞에 온다. faqat olma kerak. 사과만 필요하다.
Go'sht	고기	Mol go'shti 소고기 Qo'y go'shti 양고기 Tovuq go'shti 닭고기
Guruch	쌀, 밥	Guruchli ovqat 쌀이 들어 있는 음식
Ichmoq	마시다	
Kerak	필요하다	= Lozim, Zarur ~하는 것이 필요하다
Mahsulot	제품, 생산물	
Makaron	마카로니	
Meva	과일	
Ming	천	Ikki ming 2,000 (수량)
Kilo	kg	Litr : ℓ (리터) gram : g (그램)
Narx	가격	
Necha pul?	얼마입니까?	
Non	빵	
Olmoq	받다, 사다	Sotib olmoq(사다)를 가끔 olmoq이라고 한다.
Sotib olmoq	사다	= xarid qilmoq 구입하다
Sotmoq	팔다	= sotilmoq 팔리다
Sotuvchi	판매원	
Sut	우유	
Suv	물	Suv ichmoq 물을 마시다
Tanlamoq	고르다	Tanlov 선택
Voy!	아이고!	
Yordam	도움	Yordam bermoq 도움을 주다

회화 맛보기

민준은 과일과 채소를 사러 시장에 갔습니다.
수박파는 상인 아저씨와 가격을 흥정하고 있습니다.

핵심단어

□ Keling. (어서) 오세요.

□ Muncha qimmat? 왜 이렇게 비싸요?

□ Kami bor. 싸게 해 드립니다.

□ (summa) ~qilib beraman.

　(금액) ~에 드립니다.

□ Ha, mayli. 네. 그래요.

□ Oling. 받으세요. 가지세요.

□ Bozoringizni bersin. 많이 파세요.

□ Kelib turing. 또 오세요.

■ **양을 표현할 때 주의사항**

① **음식의 전체적인 양에 대해 말할 때 :** 단수형으로 말한다.

(복수형 어미 ~lar(~들)을 쓰지 않는다.)

Kecha bozordan uzum sotib oldim. 어제 시장에서 포도를 샀습니다.

② **물건의 수량을 말할 때 :** 숫자 뒤에 ~ta(~개) 접미사가 붙는다.

Ikkita ruchka 볼펜 두 개

③ **명사가 사람을 의미하는 경우(학생, 선생님 등) :** ~ta 생략 가능

Ikki oʻquvchi = Ikkita oʻquvchi 두 명의 학생

④ **셀 수 없는 명사일 때 :** ~ta가 붙지 않다.

Ikki litr suv 물 2ℓ

어휘 플러스

■ **과일류 Mevalar**

Ananas	파인애플	Olma	사과	Tarvuz	수박
Anor	석류	Qovun	멜론	Mandarin	귤
Anjir	무화과	Qulupnay	딸기	Malina	라즈베리
Banan	바나나	Olxoʻri	자두	Behi	모과
Kivi	키위	Oʻrik	살구	Limon	레몬
Nok	배	Gilos	체리	Xurmo	감

■ **채소류 Sabzavotlar**

Bodring	오이	Sabzi	당근	Gulkaram	꽃양배추
Karam	배추	Lavlagi	비트	Kashnich	파슬리
Oshqovoq	호박	Kartoshka	감자	Yalpiz	박하
Pomidor	토마토	Qalampir	고추, 후추	Bulgʻor qalampiri	피망
Sarimsoq piyoz	마늘	Qoʻziqorin	버섯	Brokolli	브로콜리
Baqlajon	가지	Sholgʻom	무, 순무	Ismaloq	시금치

회화 익히기

회화

Sotuvchi	Kel. Tarvuzdan ol!
Minjun	Necha puldan?
Sotuvchi	Besh ming so'mdan.
Minjun	Voy, muncha qimmat? Arzonroq bo'ladimi?
Sotuvchi	Nechta kerak?
Minjun	Bitta kerak.
Sotuvchi	Tanla. Kami bor.
Minjun	Mana bu necha pul?
Sotuvchi	To'rt ming so'mga beraman.
Minjun	Uch yarim ming so'mga bo'ladimi?
Sotuvchi	Ha mayli. Ol.
Minjun	Katta rahmat! Bozoringizni bersin!
Sotuvchi	Kelib tur.

해석

상인	이리 와. 수박 사가!
민준	(한 개에) 얼마예요?
상인	5,000솜이야.
민준	아이고, 왜 이렇게 비싸요? 싸게 되나요?
상인	몇 개 필요해?
민준	한 개 필요합니다.
상인	골라. 싸게 해 줄게.
민준	이건 얼마예요?
상인	4,000솜에 줄게.
민준	3,500솜에 안 되나요?
상인	그래. 받아.
민준	감사합니다! 많이 파세요!
상인	또 와.

선생님의 한마디!

우즈베키스탄의 화폐단위는 So'm(솜)이라고 부릅니다. 가끔 구어체로 숫자 뒤에 So'm을 생략하고 숫자만 말하기도 합니다.

Besh yuz so'mdan.
= Besh yuzdan.
500솜입니다.

유의어 / 대치어

Bir(하나)에 양을 나타내는 ta(개)가 붙을 때 r가 t로 변합니다.

Bir + ta = Bitta 한 개

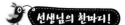

Sotuvchi	Keling. Tarvuzdan oling!
Minjun	Necha puldan?
Sotuvchi	Besh ming so'mdan.
Minjun	Voy, muncha qimmat? Arzonroq bo'ladimi?
Sotuvchi	Nechta kerak?
Minjun	Bitta kerak.
Sotuvchi	Tanlang. Kami bor.
Minjun	Mana bu necha pul?
Sotuvchi	To'rt ming so'mga beraman.
Minjun	Uch yarim ming so'mga bo'ladimi?
Sotuvchi	Ha mayli. Oling.
Minjun	Katta rahmat! Bozoringizni bersin!
Sotuvchi	Kelib turing.

선생님의 한마디!

Muncha 이렇게, 이만큼
'왜'가 없어도 '왜'란 단어의
의미가 들어가 있습니다.

Muncha qimmat?
(왜) 이렇게 비싸요?

Muncha baland?
(왜) 이렇게 높아요?

상인	(어서) 오세요. 수박 사고 가세요!
민준	(한 개에) 얼마예요?
상인	5,000솜이에요.
민준	아이고, 왜 이렇게 비싸요? 싸게 되나요?
상인	몇 개 필요해요?
민준	한 개 필요합니다.
상인	고르세요. 싸게 해 드릴게요.
민준	이건 얼마예요?
상인	4,000솜에 드릴게요.
민준	3,500솜에 안 되나요?
상인	그래요. 받으세요.
민준	감사합니다! 많이 파세요!
상인	또 오세요.

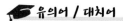 유의어 / 대치어

Yarim 반 (1/2)

Uch ming besh yuz
= uch yarim ming 3,500

Ⓐ 필요성 표현 (1)

필요성을 표현하기 위해 주어에 ~ga 여격이 붙고 **kerak**(필요하다)란 단어가 목적어 다음에 온다.

● 긍정형: 주어 + ga + 목적어 + kerak

Menga ruchka kerak. 나에게 볼펜이 필요합니다.

Sizga yordam kerak. 당신에게 도움이 필요합니다.

Unga ikki kilo olma kerak. 그에게 사과 2kg이 필요합니다.

Menga kitob kerak. 나에게 책이 필요합니다.

● 부정형: 주어 + ga + 목적어 + kerak + emas

Menga ruchka kerak emas. 나에게 볼펜이 필요하지 않습니다.

Sizga yordam kerak emas. 당신에게 도움이 필요하지 않습니다.

Unga ikki kilo olma kerak emas. 그에게 사과 2kg이 필요하지 않습니다.

Menga kitob kerak emas. 나에게 책이 필요하지 않습니다.

● 의문형: 주어 + ga + 목적어 + kerak + mi?

Sizga ruchka kerakmi? 당신에게 볼펜이 필요합니까?

Sizga yordam kerakmi? 당신에게 도움이 필요합니까?

Sizga 2kg olma kerakmi? 당신에게 사과 2kg이 필요합니까?

Menga kitob kerakmi? 나에게 책이 필요합니까?

Ⓑ 복합 동사

둘 이상의 말이 결합된 동사를 복합동사라고 한다. 우즈베크어에는 여러 가지 복합동사가 있다.

● ~ib/b turmoq : 반복되거나 계속되는 행동을 나타낼 때 쓰인다.

Kelib turing! 또 오세요! (자주 오세요!)

Telefon qilib turing. 연락하고 다니세요. (자주 연락하세요.)

- ~ib/b ko'rmoq ~아/어/해 보다

    Mana bu tarvuzni yeb ko'ring. 이 수박을 먹어 보세요.

    U yerga bir borib ko'ring. 거기에 한번 가 보세요.

    Biz tarix muzeyiga borib ko'rdik. 우리는 박물관에 가 봤습니다.

    Men hali Samarqandga borib ko'rmadim. 나는 아직 사마르칸트에 가 보지 않았습니다.

- Sotib olmoq 사다 : Sotib(사고) + olmoq(받다)

    Bozordan olma sotib oldim. 시장에서 사과를 샀습니다.

    U do'kondan non sotib olyapti. 그는 가게에서 빵을 사고 있습니다.

- Olib kelmoq 가지고 오다 : Olib(가지고) + kelmoq(오다)

    Senga Koreyadan sovg'a olib keldim. 한국에서 너에게 줄 선물을 가지고 왔습니다.

    Uyga kutubxonadan kitob olib keldim. 도서관에서 책을 집으로 가지고 왔습니다.

- Olib ketmoq 가지고 가다, 데리고 가다 : Olib(가지고) + ketmoq(가다)

    Men seni uyimga olib ketaman. 나는 너를 (나의)집으로 데리고 갈게.

    Kitobni olib ketaman. 책을 가지고 갈게.

ⓒ Nechta? / Necha? / Qancha? 의문사

- Nechta? 몇 개? : 셀 수 있는 명사와 같이 쓰인다.

    Nechta shaftoli kerak? 복숭아가 몇 개 필요해요?

    Nechta bodring kerak? 오이가 몇 개 필요해요?

- Necha? 몇? : 양을 의미하는 단위들과 같이 쓰인다.

    Necha kilo shaftoli kerak? 복숭아가 몇 kg 필요해요?

    Necha litr sut kerak? 우유가 몇 ℓ 필요해요?

- Qancha? 얼마나? : 셀 수 있는 명사나 셀 수 없는 명사와 같이 쓰인다.

    Qancha suv kerak? 물이 얼마나 필요해요?

    Qancha sabzi kerak? 당근이 얼마나 필요해요?

1. 다음 〈보기〉와 같이 문장을 의문사로 바꾸어 보세요.

> 의문사 : Nechta? | Qancha? | Necha?

| 보기 |Menga bir kilo guruch kerak.　　　　▶ Sizga necha kilo guruch kerak?

(1) Farhodga uchta olma kerak.

▶ _____

(2) Bugun menga mashina kerak.

▶ _____

(3) Azizga bir litr sut kerak.

▶ _____

(4) Ovqatga bir kilo go'sht kerak.

▶ _____

(5) Menga sabzi kerak.

▶ _____

2. 다음 빈칸에 알맞은 복합 동사를 넣어 문장을 완성해 보세요.

(1) Bu tarvuzni qayerdan _____? Juda mazali ekan! (사세요?)

(2) Mana bu choyni _____. (마셔 보세요.)

(3) Madina, menga kitobni _____. (가지고 오세요.)

(4) Farg'onaga albatta _____! (가 보세요!)

(5) Mana bu ovqatni _____. (먹어 보세요.)

3. 다음 문장을 우즈베크어로 적어 보세요.

(1) 나에게 1kg의 쌀과 양파 2개가 필요합니다.

   ▶ _____

(2) 이 배추는 얼마입니까? 3,000숨에 됩니까?

   ▶ _____

(3) 민준에게 우즈베크어 책이 필요합니다.

   ▶ _____

(4) 어제 우즈베키스탄에서 한국 음식을 먹어 봤습니다.

   ▶ _____

(5) 시장에서는 채소와 과일만 삽니다.

   ▶ _____

4. 녹음을 듣고 빈칸을 채워 보세요.   🔊 MP3 07-3

Ikrom   Olma (1)_____?

Sotuvchi   Bir kilosi (2)_____ _____ _____.

Ikrom   (3)_____ _____ga bo'ladimi?

Sotuvchi   2,500 ga (4)_____.

Ikrom   Ha, mayli (5)_____ _____ _____.

Sotuvchi   Mana (6)_____.

Ikrom   Rahmat.

어깨너머 우즈베키스탄

· 우즈베키스탄의 시장 문화 ·

우즈베키스탄 사람들은 시장 '버저르bozor'를 매우 중요하게 생각합니다. 역사적으로 시장은 물건을 사고파는 곳뿐만 아니라 서로의 정보 공유와 의사소통 장소의 역할도 해왔습니다. 최근에 시장과 함께 마트들도 많아졌지만, 일반 사람들은 아직도 물건을 사러 시장을 찾아가는 경우가 많습니다. 버저르 시장의 여러 특징 중의 하나는 물건을 사기전 상인에게 반드시 가격을 싸게 해달라고 말하는 것입니다. 그렇지 않고 제시한 가격 그대로 물건을 사면 오히려 상인들도 놀랄 정도입니다. 이 문화는 가격을 흥정하는 동안 상인과 친해지면서 자연스럽게 단골이 되는 절차에서 유래되었다고 합니다.

우즈베키스탄의 수도인 타슈켄트에서는 중앙아시아 중 역사가 가장 오래된 시장을 여러 곳에서 찾아볼 수 있습니다. 그중 하나가 '처르수Chorsu시장'입니다. 처르수 시장은 중앙아시아에서 가장 큰 시장이자 실크로드 시대부터 이어온 가장 오래된 시장이라고 합니다. 우즈베키스탄 전통 기념품을 포함한 옷과 과일·채소까지 이곳에서 저렴하게 구입할 수 있습니다.

처르수 시장 다음으로 큰 시장은 '알라이Alay' 또는 '얼러이Oloy'라고 불리는 시장입니다. 이 시장은 우즈베키스탄의 다른 시장들과 같이 신선한 유기농 과일과 채소를 파는 곳이며 타슈켄트의 시내와 비즈니스 지역에서 가까워 깨끗하고 시장 내부 시설도 좋습니다.

우즈베키스탄의 모든 시장에서는 유기농 과일과 채소만 판매하며 GMO 식품(유전자 재조합 식품)은 전혀 없습니다. 그 이유만으로도 전통 시장인 '버저르'를 찾는 사람들이 많습니다.

처르수(Chorsu) 시장

얼러이(Oloy) 시장

Dam olish kuni nima qilmoqchisan?

주말에 뭐 해?

학습 포인트

현재와 과거에 이어 미래의 일을 말할 수 있어야 합니다. 미래시제를 이용한 계획을 말하는 법과 함께 동사의 조건법을 배우겠습니다.

주요 문법

● 의도형 미래시제 ● ~ㄹ/을 수 있다/없다 ● 동사의 조건법

의도형 미래시제를 사용한 표현

Bu yili Yevropaga sayohat qilmoqchiman.

올해 유럽으로 여행을 가려고 해.

Do'stlarim bilan uchrashmoqchiman. 친구들과 만나려고 해.

U bugun muzeyga bormoqchi. 그는 오늘 박물관에 가려고 해.

~ㄹ/을 수 있다/없다

Salom!

Men o'zbek tilida gapira olaman. 나는 우즈베크어로 말할 수 있어.

Men Azizga telefon qila olmadim.

나는 아지즈한테 전화할 수 없었어.

Biz ertaga darsga bora olmaymiz. 우리는 내일 수업에 갈 수 없어.

동사의 조건법을 사용한 표현

Vaqtim bo'lsa albatta boraman. 시간이 되면 꼭 가겠습니다.

Uni ko'rsam salom aytaman. 그를 보면 안부 전해 줄게.

Ovqat yemasang kasal bo'lasan. 밥을 먹지 않으면 병에 걸릴 거야.

단어	뜻	비고
Agar	만약에	
~da	① ~에게(처격) ② ~로	O'zbek tilida gapira olaman. 우즈베크어로 말할 수 있습니다.
Dam olmoq	쉬다	Dam 쉼
Gitara	기타	Gitara chala olasanmi? 기타 칠 수 있어?
Chalmoq	치다	(모든 악기) ~치다
O'xshamoq	닮다, 비슷하다	~ ga o'xshamoq ~와 닮다/비슷하다
Ta'til	휴가, 방학	Ta'tilga chiqmoq. 휴가를 나오다.
Qarindosh	친척	
Tez-tez	자주, 빨리빨리	
Ko'p	많이	U juda ko'p yedi. 그는 아주 많이 먹었다.
Yubormoq	보내다	= jo'natmoq 보내다, 발송하다
Reja	계획	Rejalashtirmoq 계획하다
Sayohat	여행	Sayohat qilmoq 여행하다
Qozoq tili	카자흐어	
Elchixona	대사관	Elchi(대사) + xona(방)
Foydalanmoq	이용하다	~ dan foydalanmoq. ~을/를 이용하다.
Berib turmoq	빌려주다	
Ijaraga olmoq	임차하다, 빌려 쓰다	Ijara(임대) + olmoq(받다)
Tayyorlanmoq	준비하다	Imtihonga tayyorlanmoq 시험에 준비하다
Ya'ni	즉	
Qidirmoq	구하다	Uy qidirmoq 집을 구하다
Topmoq	찾아내다	Uy topmoq 집을 찾아내다
Yo'qotmoq	잃다	Yo'qotib qo'ymoq 잃어버리다
Barcha	모두	= hamma 모두, 다
Qolmoq	남다	Vaqt qolmoq 시간이 남다

회화 맛보기

민준과 니고라가 서로의 주말 계획에 대해 얘기하고 있습니다. 주말마다 기타를
배우러 다니는 니고라에게 민준이 나중에 직접 기타를 가르쳐 주기로 합니다.

- Nima qilmoqchisan? 뭐 해? (뭐하려고 해?)

- Har dam olish kuni 주말마다

- O'rganmoqchiman. 배우려고 해.

- ~sh/ishni bilaman/bilmayman
  ~는 것을 알다/모르다

- O'rgatmoq 가르치다

- O'rgatasan-a? 가르쳐 줄 거지?

- Qoyil! 멋있어!

- Vaqtim bo'lsa 시간이 되면

- Yo'q bo'lib ketma. 연락하고 지내.

- Xo'p ko'rishamiz. 그래 (나중에 또) 보자.

잠깐만요! ⭐

한국어의 '~는 것'과 같은, 동사를 명사로 만드는 접미사들이 ~sh/ish가 되며 xohlamoq (~고 싶다), bilmoq(알다), boshlamoq(시작하다), yaxshi/yomon ko'rmoq(좋아하다/싫어하다)와 같은 동사들과 같이 자주 쓰입니다.

동사 + sh/ish + ni (목적격)

Men gitara chalishni bilaman. 나는 기타를 칠 줄 압니다. (치는 것을 압니다.)

Men ertalab erta turishni yomon ko'raman. 나는 아침에 일찍 일어나는 것을 싫어합니다.

◀ 어휘 플러스

■ **강조 어미**

–a(ya) ~죠, 군요!, ~네요 : 놀라움이나 확인을 강조하는 어미

Biz bugun kutubxonaga boramiz-a? 우리는 오늘 도서관에 갈 거죠?

O'zbekka o'xshaysan-a! 우즈베크인 같네!

■ **감탄사**

Voy! 아이고! 어머나!

Voy muncha qimmat? 아이고 왜 이렇게 비싸요?

Voydod! 도와주세요!

Voydod, kim bor? 도와주세요, 누구 있어요?

Uf! 휴~! (불만이나 지루함을 표현할 때 한숨 쉬듯 부는 표현)

Uf! Charchadim! 휴~! 피곤했어!

회화 익히기 반말로 말해요

회화 ▶

선생님의 한마디!

현재/미래시제는 현재에 반복되고 미래에도 꼭 일어날 일에 대해 쓰이지만 의도형 미래시제는 미래 계획에 대해 말할 때 쓰입니다.

Nigora	Minjun qalaysan? Dam olish kuni nima qilmoqchisan?
Minjun	Dam olish kuni dars qilmoqchiman. Sen-chi?
Nigora	Men esa har dam olish kuni gitara chalishni o'rganmoqchiman. Sen gitara chala olasanmi?
Minjun	Ha, men gitara chalishni bilaman.
Nigora	Qoyil! Menga ham o'rgatasan-a?
Minjun	Vaqtim bo'lsa albatta o'rgataman!
Nigora	Rahmat, Minjun! Yo'q bo'lib ketma!
Minjun	Xo'p, ko'rishamiz!

해석 ▶

니고라	민준아 어떻게 지내? 주말에 뭐 해?
민준	주말에 공부하려고 해. 너는?
니고라	나는 주말마다 기타 치는 것을 배우려고 해. 너는 기타 칠 줄 알아?
민준	응, 나는 기타 칠 줄 알아.
니고라	멋있어! 나한테도 가르쳐 줄 거지?
민준	시간이 되면 꼭 가르쳐 줄게!
니고라	고마워, 민준아! 연락해!
민준	그래, (나중에 또) 보자!

유의어 / 대치어

Yo'q bo'lib ketma!
= Telefon qilib tur!
연락하고 지내!

Xo'p. = mayli. = Xo'p mayli.
그래.

* 따로 쓰기도, 같이 쓰기도 합니다.

Nigora	Minjun qalaysiz? Dam olish kuni nima qilmoqchisiz?
Minjun	Dam olish kuni dars qilmoqchiman. Siz-chi?
Nigora	Men esa har dam olish kuni gitara chalishni o'rganmoqchiman. Siz gitara chala olasizmi?
Minjun	Ha, men gitara chalishni bilaman.
Nigora	Qoyil! Menga ham o'rgatasiz-a?
Minjun	Vaqtim bo'lsa albatta o'rgataman!
Nigora	Rahmat, Minjun! Yo'q bo'lib ketmang!
Minjun	Xo'p, ko'rishamiz!

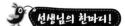 선생님의 한마디!

Albatta!는 '꼭, 그럼요'란 뜻으로 문장 가운데에 '꼭'과 같이 서술어 앞에 쓰입니다.

Albatta boraman!
꼭 갈거야!

니고라	민준 씨 어떻게 지내세요? 주말에 뭐 하세요?
민준	주말에 공부하려고 해요. 니고라 씨는요?
니고라	저는 주말마다 기타 치는 것을 배우려고 해요. 민준 씨는 기타 칠 줄 아세요?
민준	네, 저는 기타 칠 줄 알아요.
니고라	멋있어요! 저한테도 가르쳐 주실 거죠?
민준	시간이 되면 꼭 가르쳐 드릴게요!
니고라	감사합니다, 민준 씨! 연락하고 지내요!
민준	그래요, (나중에 또) 봅시다!

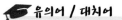 유의어 / 대치어

Har + 시간 = 매, ~마다

Har dam olish kuni
주마다(매주)

Har soat unga telefon qilaman.
매시간 그녀에게 전화한다.

Ⓐ 의도형 미래시제

의도형 미래시제는 미래의 소망, 의도, 의지를 나타내는 행동, 활동을 나타낸다.

● 긍정형: 동사어간 + moqchi + 제1형 인칭어미

인칭	단수	복수
1 인칭	Bor + moqchi + man (나는) 가려고 합니다	Bor + moqchi + miz (우리는) 가려고 합니다
2 인칭	Bor + moqchi + san (너는) 가려고 합니다	Bor + moqchi + siz (당신은) 가려고 합니다
3 인칭	Bor + moqchi (그는) 가려고 합니다	Bor + moqchi + lar (그들은) 가려고 합니다

Kitobni oʻqimoqchiman. (저는) 책을 읽으려고 합니다.

Daftarga yozmoqchimiz. (우리는) 공책에 쓰려고 합니다.

U uyga ketmoqchi. 그는 집에 가려고 합니다.

Ota-onam Oʻzbekistonga kelmoqchilar.

부모님께서 우즈베키스탄에 오려고 합니다.

● 부정형: 동사어간 + moqchi emas + 제1형 인칭어미

인칭	단수	복수
1 인칭	Bor + moqchi + emas + man (나는) 가려고 하지 않습니다	Bor + moqchi + emas + miz (우리는) 가려고 하지 않습니다.
2 인칭	Bor + moqchi + emas + san (너는) 가려고 하지 않습니다	Bor + moqchi + emas + siz (당신은) 가려고 하지 않습니다.
3 인칭	Bor + moqchi + emas (그는) 가려고 하지 않습니다	Bor + moqchi + emas + lar (그들은) 가려고 하지 않습니다.

Men muzeyga bormoqchi emasman. 나는 박물관에 가려고 하지 않습니다.

U uyga bormoqchi emas. 그는 집에 가려고 하지 않습니다.

Sen yozmoqchi emassan. 너는 쓰려고 하지 않습니다.

Men u kitobni sotib olmoqchi emasman. 나는 그 책을 사려고 하지 않습니다.

● 의문형: 긍정형/부정형 + mi + 제1형 인칭어미

O'zbekistonga bormoqchimisiz? 우즈베키스탄에 가려고 하십니까?

U yerga bormoqchi emasmisiz? 거기에 가려고 하지 않으십니까?

Bu kitobni sotib olmoqchimisiz? 이 책을 사려고 하십니까?

U ertaga Toshkentga bormoqchimi? 그는 내일 타슈켄트에 가려고 합니까?

● 과거형 미래시제: '~려고 했다/~려고 하지 않았다'로 말하려면 ~edi 어미만 붙이면 된다.

① 긍정형: 동사어간 + moqchi + edi + 제1형 인칭어미

Kitobni sotib olmoqchi edim. 책을 사려고 했습니다.

O'zbekistonga bormoqchi edim. 우즈베키스탄에 가려고 했습니다.

Biz kino ko'rmoqchi edik. 우리는 영화를 보려고 했습니다.

Do'stimga xat jo'natmoqchi edim. 친구에게 편지를 보내려고 했습니다.

② 부정형: 동사어간 + moqchi + emas + edi + 제1형 인칭어미

U yozmoqchi emas edi. 그는 쓰려고 하지 않았다.

Biz Toshkentga bormoqchi emas edik. 우리는 타슈켄트에 가려고 하지 않았습니다.

Bu kinoni ko'rmoqchi emas edim. 나는 이 영화를 보려고 하지 않았습니다.

Men bu ovqatni yemoqchi emas edim. 저는 이 음식을 먹으려고 하지 않았습니다.

Ⓑ ~ㄹ/을 수 있다/없다

동사 어간의 마지막 글자가 모음으로 끝나면 ~y olmoq, 자음으로 끝나면 ~a olmoq를 붙이고 가능성을 나타내는 표현을 만든다.

● 동사어간 자음 + a olmoq

Men o'zbek tilida gapira olaman. 나는 우즈베크어로 말할 수 있습니다.

Biz ertaga Toshkentga bora olamiz. 우리는 내일 타슈켄트에 갈 수 있습니다.

Men gitara chala olaman. 나는 기타를 칠 수 있습니다.

Men yolgʻiz sayohat qila olaman. 저는 혼자 여행을 할 수 있습니다.

● 동사어간 모음 + y olmoq

U mashina hayday oladi. 그는 자동차를 운전할 수 있습니다.

Men xitoy tilida oʻqiy olaman. 저는 중국어로 읽을 수 있습니다.

U tadbirni yolgʻiz boshlay oladi. 그는 행사를 혼자 시작할 수 있습니다.

Biz oʻrgangan grammatikani dialogda qoʻllay olamiz.
우리가 배운 문법을 대화에 적용할 수 있습니다.

● 부정형: olmoq 동사어간에 ~ma 부정어미가 붙는다.

Kecha senga telefon qila olmadim. 어제 너에게 전화할 수 없었습니다.

Biz konsertga bora olmaymiz. 우리는 콘서트에 갈 수 없습니다.

Men mashina hayday olmayman. 나는 자동차를 운전할 수 없습니다.

Men xitoy tilida oʻqiy olmayman. 저는 중국어를 읽을 수 없습니다.

ⓒ 동사의 조건법

조건법은 동사 어간 뒤에 조건형 어미 ~sa(~면)을 붙여서 만든다. 인칭어미는 제3형을 사용한다.

● 긍정형: (Agar) + 동사어간 + sa + 제3형 인칭어미

인칭	단수	복수
1 인칭	Bor + sa + m	Bor + sa + k
2 인칭	Bor + sa + ng	Bor + sa + ngiz
3 인칭	Bor + sa	Bor + sa + (lar)

Vaqtim bo'lsa, boraman. 시간이 되면 갈 거야.

Ertaga agar Toshkentga borsam, Toshkentdan kitob sotib olaman.
만약에 내일 타슈켄트에 가면, 타슈켄트에서 책을 살 겁니다.

Qor yog'sa mashina haydamayman.

눈이 오면 운전하지 않습니다.

Agar u kelsa menga ayting.

만약에 그가 오면 저한테 얘기해 주세요.

● 부정형: (Agar) + 동사어간 + ma + sa + 제3형 인칭어미

인칭	단수	복수
1 인칭	Bor + ma + sa + m	Bor + ma + sa + k
2 인칭	Bor + ma + sa + ng	Bor + ma +sa + ngiz
3 인칭	Bor + ma + sa	Bor + ma + sa + (lar)

Dars bo'lmasa, uyga ketamiz. 수업이 없으면 집에 갈 겁니다.

Agar Buxoroga bormasam, Samarqandga boraman.
만약에 부하라에 가지 않으면 사마르칸트에 갈 거야.

Kitobni sotib olmasam, dars qila olmayman.
책을 사지 않으면 공부를할 수 없습니다.

U bugun kelmasa, men uni boshqa kutmayman.
그가 오늘 오지 않으면 나는 그를 더 이상 기다리지 않습니다.

1. 다음 〈보기〉에서 알맞은 단어로 빈칸을 채워 문장을 완성해 보세요.

| 보기 | yozmoqchiman   ketmoqchi emasman

            sotib olmoqchimisiz   ko'rishmoqchiman

(1) A: Bu yerdan kitob _____?

    B: Ha, menga tarix kitobi kerak.

(2) A: Men kechroq ketmoqchiman. Siz ketmoqchimisiz?

    B: Yo'q _____.

(3) A: Daftarga nima yozmoqchisiz?

    B: Daftarga ismimni _____.

(4) A: Dam olish kuni nima qilmoqchisiz?

    B: Do'stim bilan _____.

2. 다음 질문을 읽고 긍정/부정형으로 답해 보세요.

(1) Siz mashina hayday olasizmi?

   ▶ _____ [긍정형]

(2) Xitoy tilida gapira olasizmi?

   ▶ _____ [긍정형]

(3) Ovqat pishira olasizmi?

   ▶ _____ [부정형]

(4) Do'stingiz qo'shiq ayta oladimi?

   ▶ _____ [부정형]

3. 다음 문장을 우즈베크어로 적어 보세요.

저는 이번 휴가 때 우즈베크어를 배우려고 합니다. 시간이 있으면 우즈베키스탄에서 여행을 하려고 합니다. 저는 사마르칸드, 부하라 그리고 히바에 가고 싶습니다. 사진 찍는 것을 좋아합니다. 그래서 여행을 하면 사진을 많이 찍으려고 합니다.

* Shu 이번. ~da ~때. Suratga olmoq 사진을 찍다. Ko'p 많이

_____

_____

_____

_____

_____

4. 녹음을 듣고 빈칸을 채워 보세요.

MP3 **08-3**

Minjun   Bu ta'tilda o'zbek tili (1)_____.

Aziza   Qoyil! Ta'tilda ham o'zbek tili (2)_____?

Minjun   Ha, (3)_____ _____ qozoq tilini ham o'rganmoqchiman. Sen-chi?

Aziza   Men esa gitara (4)_____ o'rganmoqchiman.

Minjun   Men gitara (5)_____ _____.

Aziza   Voy! Menga ham (6)_____?

Minjun   Albatta!

119

어깨너머 우즈베키스탄

· 우즈베키스탄의 색다른 한류 열풍 ·

이제 더는 '한류'라는 단어가 어색하지 않을 만큼 세계 곳곳에서의 한류 열풍은 대단합니다. 우즈베키스탄도 예외는 아닙니다. 하지만 우즈베키스탄에서의 한류 열풍은 다른 나라보다 특별하고 색다릅니다. 우즈베키스탄에서는 이미 오래전부터 대한민국이라는 나라의 한국인을 알고 있었습니다. 그 이유는 한국의 드라마나 K-POP이 아닌 바로 우즈베키스탄 속의 고려인들 때문입니다.

1937년 스탈린의 강제이주 명령으로 연해주에 살던 고려인들이 목적지도 모른 채 기차에 몸을 싣고 중앙아시아에 위치한 낯선 나라 우즈베키스탄으로 오게 되었습니다. 현재 우즈베키스탄에서 독립국가연합 국가 중 가장 많은 3~4세대 고려인들이 약 20만 명 정도 살고 있습니다. 그들은 종교, 언어, 문화가 전혀 다른 우즈베키스탄에서 열심히 적응했고, 사회 및 나라 발전에 크게 기여하는 등 입지를 굳혀갔습니다. 그중 콜호스(집단농장)의 지도자로서 한국인의 근면성을 우즈베크인들에게 입증해 준 대표적인 사람이 바로 김병화(1905~1974)입니다. 우즈베키스탄의 수도 타슈켄트에는 김병화 박물관과 동상도 있습니다. 이외에도 현재 우즈베키스탄의 국회의원과 항공 이사장, 첫 주한 우즈베키스탄 대사도 고려인이었습니다. 어떤 우즈베크인을 만나든 아는 고려인 친구 또는 친척이 2~3명은 분명히 있을 것입니다. 한마디로 우즈베키스탄 사람들에게 한민족은 전혀 낯선 민족이 아니라 예전부터 알고 지냈던 친구이자 이웃 같은 가까운 민족인 것입니다.

우즈베키스탄과 대한민국의 친선을 상징하는
타슈켄트 서울 공원 입구

Parhez qilishingiz kerak.

식이요법을 하셔야 합니다.

학습 포인트

외국에서 아플 때 의사 선생님과 소통하기 힘들 다면 난처하겠죠. 병원에 서 쓰이는 표현들을 배워 보겠습니다.

주요 문법

● 과거완료시제 ● 필요성 표현 (2) ● 가능성 표현

증상에 대해 말하기

Boshim og'riyapti.	머리가 아픕니다.
Mazam bo'lmayapti.	컨디션이 좋지 않습니다.
Ko'nglim ayniyapti.	멀미가 납니다.

의사에게 상담 받기

Bu dorini bir kunda ikki mahaldan ovqatdan keyin iching.	이 약을 하루에 2번 식후에 드십시오.
Suv ko'proq iching.	물 많이 드세요.
Yog'li ovqat kamroq yeyishingiz kerak.	기름진 음식을 덜 드셔야 합니다.

단어	뜻	비고
Parhez	식이요법, 음식 조절	Parhez qilmoq = Parhez qilish 식이요법하다, 다이어트
Marxamat	어서	Marxamat keling. 어서 오세요.
~dan beri	~전부터	Ikki kundan beri 이틀 전부터
Ko'ngil aynimoq	멀미가 나다	
Yog'li	기름진	yog'(기름) + li(있다)
Mahal	회	Ikki mahal 2회
Doktor	의사	Shifokor는 직업이고 doktor는 부를 때 사용한다.
Dori	약	Dori ichmoq 약을 먹다
Sigaret	담배	Sigaret chekmoq 담배를 피우다
Ultra tovush apparati	초음파검사기	
Tekshirmoq	검사하다	Tekshirtirmoq 검사받다, 검사시키다
Davolamoq	치료하다	Davolanmoq 치료받다
Foydali	쓸모 있는, 유용한	
Isitma	열	Isitma chiqmoq 열이 나다
Og'rimoq	고통, 아프다	신체부위 + og'rimoq = OO가 아프다 Boshim og'riyapti. 머리가 아픕니다.
Tuzalmoq	병에서 회복하다	Tezroq tuzalib keting. 빨리 회복하세요.
Ukol	주사	Ukol qilmoq 주사하다 Ukol olmoq 주사 맞다
Yo'talmoq	기침하다	Yo'tal 기침
Shamollamoq	감기에 걸리다	
Qabulxona	접수실	Qabul qilmoq 접수를 하다
Kasallik	병	Kasallikka chalinmoq 병에 걸리다
Terlamoq	땀이 나다	Ter 땀
Yuqumli	전염되는	Yuqumli kasallik 전염병

회화 맛보기

민준은 이틀째 멀미가 나고 컨디션이 안 좋았습니다.
그래서 약 처방을 받으러 병원을 찾아 의사 선생님에게 진찰을 받았습니다.

핵심단어

- [ ] Kirish mumkinmi? 들어가도 됩니까?

- [ ] Qayeringiz bezovta qilyapti?
  어디 불편하십니까?

- [ ] Ko'nglim ayniyapti. 멀미가 납니다.

- [ ] Nima yegan edingiz? 무엇을 먹었었나요?

- [ ] Shundan keyin 그 이후에

- [ ] Ko'nglim aynishni boshladi.
  멀미가 나기 시작했습니다.

- [ ] Bir kunda uch mahal 하루에 3번

- [ ] Ovqatdan keyin 식후에

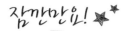

우즈베크어로 상담이나 동사의 명령법으로 말할 때 부사가 비교급으로 쓰입니다.

■ 부사

원급	비교급	최상급
Tez 빨리, 빠르게	Tezroq (더) 빨리, 빠르게	Eng tez (제일) 빨리, 빠르게
Sekin 천천히, 느리게	Sekinroq (더) 천천히, 느리게	Eng sekin (제일) 천천히, 느리게
Ko'p 많이	Ko'proq (더) 많이	Eng ko'p (제일) 많이
Kam 조금, 적게	Kamroq 덜, (더) 적게	Eng kam (제일) 적게

Sekinroq gapiring. 천천히 말하세요.

Kamroq yeng. 적게 드세요.

Tezroq yuring. 빨리 걸으세요.

Ko'proq suv iching. 물 많이 드세요.

어휘 플러스

■ 신체 Tana a'zolari

Yuz	얼굴	Kindik	배꼽	Oyoq	발	Quloq	귀
Bosh	머리	Qorin	배	Peshana	이마	Lab	입술
Yelka	어깨	Qo'l	팔	Soch	머리카락	Jag'	턱
Bo'yin	목	Kaft	손	Qosh	눈썹	Tish	이
Tirsak	팔꿈치	Barmoq	손가락	Burun	코	Og'iz	입
Ko'krak	가슴	Tizza	무릎	Ko'z	눈	Milk	잇몸

회화 익히기

회화 ▶

Shifokor(의사)은 직업을 의미하고 의사를 부를 때 Doktor!이라고 합니다.

Minjun	Salom. Kirish mumkinmi?
Shifokor	Salom. Marxamat o'tir. Qayering bezovta qilyapti?
Minjun	Ikki kundan beri ko'nglim ayniyapti.
Shifokor	Ikki kun oldin nima yegan eding?
Minjun	Ikki kun oldin tarvuz yegan edim.
	Shundan keyin ko'nglim aynishni boshladi.
Shifokor	Tushunarli. Parhez qilishing kerak.
	Yog'li ovqatni kamroq yeyishing kerak.
Minjun	Parhez…?
Shifokor	Ha, bir hafta parhez qil. Dori yozib beraman.
	Dorini bir kunda 3 mahal ovqatdan keyin ich.
Minjun	Xo'p, rahmat doktor.

해석 ▶

Ko'ngil(마음) + im(1인칭 소유격 인칭어미)
= Ko'nglim 나의 마음

Ko'ngil aynimoq의 ko'ngil은 불규칙 명사이며 소유격 인칭어미가 붙을 때 i가 생략된다.

민준	안녕하세요. 들어가도 돼요?
의사	안녕하세요. 어서 앉아. 어디가 불편하지?
민준	이틀째 멀미가 나요.
의사	이틀 전에 무엇을 먹은 적이 있었어?
민준	이틀 전에 수박을 먹은 적이 있었어요. 그 이후에 멀미가 나기 시작했어요.
의사	그렇군. 식이요법을 해야 해. 기름진 음식을 적게 먹어야 해.
민준	식이요법이요…?
의사	응, 일주일 동안 음식 조절 해. 약 처방해 줄게.
	약을 하루에 3회 식후에 먹어.
민준	네, 선생님 감사합니다.

126 New The 바른 우즈베크어 STEP 1

Minjun	Assalomu alaykum. Kirish mumkinmi?
Shifokor	Vaalaykum assalom. Marxamat oʻtiring.
	Qayeringiz bezovta qilyapti?
Minjun	Ikki kundan beri koʻnglim ayniyapti.
Shifokor	Ikki kun oldin nima yegan edingiz?
Minjun	Ikki kun oldin tarvuz yegan edim.
	Shundan keyin koʻnglim aynishni boshladi.
Shifokor	Tushunarli. Parhez qilishingiz kerak.
	Yogʻli ovqatni kamroq yeyishingiz kerak.
Minjun	Parhez…?
Shifokor	Ha, bir hafta parhez qiling. Dori yozib beraman.
	Dorini bir kunda 3 mahal ovqatdan keyin iching.
Minjun	Xoʻp, rahmat doktor.

선생님의 한마디!

우즈베크어로 증상은 항상 현재진행시제로 말해야 합니다.

Koʻnglim ayniyapti.
멀미가 납니다.

Boshim ogʻriyapti.
머리가 아픕니다.

민준	안녕하십니까. 들어가도 돼요?
의사	안녕하십니까. 어서 앉으세요. 어디가 불편하세요?
민준	이틀째 멀미가 납니다.
의사	이틀전에 무엇을 드신 적이 있었어요?
민준	이틀전에 수박을 먹은 적이 있었어요. 그 이후에 멀미가 나기 시작했어요.
의사	그렇군요. 식이요법을 하셔야 해요. 기름진 음식을 적게 드셔야 해요.
민준	식이요법이요…?
의사	네, 일주일 동안 음식 조절하세요. 약 처방해 드릴게요.
	약을 하루에 3회 식후에 드세요.
민준	네, 선생님 감사합니다.

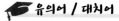

유의어 / 대치어

Qayeringiz bezovta qilyapti?
= Nima bezovta qilyapti?
= Qayeringiz ogʻriyapti?
어디가 불편하십니까?
어디가 아프십니까?

A 과거완료시제

과거에 일어나고 이미 완료된 일을 나타낸다. '~적이 있었다'와 비슷하다.

● 긍정형: 동사어간 + gan edi + 제3형 인칭어미

인칭	단수	복수
1 인칭	Bor + gan edi + m (나는) 간 적이 있었다	Bor + gan edi + k (우리는) 간 적이 있었다
2 인칭	Bor + gan edi + ng (너는) 간 적이 있었다	Bor + gan edi + ngiz (당신은) 개신) 적이 있었다
3 인칭	Bor + gan edi + (없음) (그는) 간 적이 있었다	Bor + gan edi + lar (그들은) 간 적이 있었다

O'tkan yili iyunda O'zbekistonga kelgan edi. (그는) 작년 6월에 우즈베키스탄에 온 적이 있었습니다.

Kitobni berib turgan edingiz. (당신은) 책을 빌려 준 적이 있었습니다.

Bu kinoni ko'rgan edim. (나는) 이 영화를 본 적이 있었습니다.

Do'stim bilan Yevropaga sayohat qilgan edik. (우리는) 친구와 같이 유럽에 여행 간 적이 있었습니다.

● 부정형: 동사어간 + ma gan edi + 제3형 인칭어미

인칭	단수	복수
1 인칭	Bor + ma gan edi + m (나는) 간 적이 없었다	Bor + ma gan edi + k (우리는) 간 적이 없었다
2 인칭	Bor + ma gan edi + ng (너는) 간 적이 없었다	Bor + ma gan edi + ngiz (당신은) 가(신) 적이 없었다
3 인칭	Bor + ma gan edi + (없음) (그는) 간 적이 없었다	Bor + ma gan edi + lar (그들은) 간 적이 없었다

O'tkan yili iyunda O'zbekistonga kelmagan edi. (그는) 작년 6월에 우즈베키스탄에 온 적이 없었습니다.

Kitobni berib turmagan edingiz. (당신은) 책을 빌려 준 적이 없었습니다.

Bu kinoni ko'rmagan edim. (나는) 이 영화를 본 적이 없었습니다.

Do'stim bilan Yevropaga sayohat qilmagan edik. (우리는) 친구와 같이 유럽에 여행 간 적이 없었습니다.

● 의문형: 긍정형/부정형 + mi?

O'tkan yili iyunda O'zbekistonga kelmagan edimi?
(그는) 작년 6월에 우즈베키스탄에 온 적이 없었습니까?

Bu kinoni ko'rgan edingmi? (너는) 이 영화를 본 적이 있었어?

U uyga kelmagan edimi? (그는) 집에 온 적이 없었습니까?

Siz Toshkentga borgan edingizmi? (당신은) 타슈켄트에 간 적이 있으셨습니까?

ⓑ 필요성 표현 (2)

- 긍정형: 동사어간 + sh/ish + 소유격 인칭어미 + kerak
  (~아/어/해야 한다, ~ㄹ/을 필요가 있다)
  의무성을 나타내기 위해 가끔 kerak 대신에 shart이라고 쓴다.

  Uyga ertaroq borishim kerak. (나는) 집에 일찍 가야 합니다.
  Parhez qilishingiz shart. (의무적으로) (당신은) 식이요법 하셔야 합니다.

- 부정형: 동사어간 + sh/ish + 소유격 인칭어미 + kerak + emas
  (안 ~아/어/해야 한다, ~ㄹ/을 필요 없다)

  Parhez qilishingiz shart emas. (당신은) 식이요법 하실 필요가 없습니다.
  Uyga ertaroq borishim kerak emas. (나는) 집에 일찍 갈 필요가 없습니다.

- 의문형: 긍정형/부정형 + mi?
  Parhez qilishim kerakmi? (나는) 식이요법 해야 합니까?
  Uyga ertaroq borishim kerak emasmi? (나는) 집에 일찍이 갈 필요가 없습니까?

ⓒ 가능성 표현

- 긍정형: 동사어간 + sh/ish + 소유격 인칭어미 + mumkin (~아/어/해도 된다)
  Bugun ertaroq ketishim mumkin. (나는) 오늘 일찍 가도 됩니다.
  Bu yerda sigaret chekishingiz mumkin. (당신은) 여기에서 담배 피우셔도 됩니다.

- 부정형: 동사어간 + sh/ish + 소유격 인칭어미 + mumkin + emas (~면 안 된다)
  Bugun ertaroq ketishim mumkin emas. (나는) 오늘 일찍 가면 안 됩니다.
  Bu yerda sigaret chekishingiz mumkin emas. (당신은) 여기에서 담배 피우시면 안 됩니다.

- 의문형: 긍정형/부정형 + mi?
  Bugun ertaroq ketishim mumkin emasmi? (나는) 오늘 일찍 가면 안 됩니까?
  Bu yerda sigaret chekishim mumkinmi? (나는) 여기에서 담배 피워도 됩니까?

1. 다음 〈보기〉와 같이 문장을 과거완료시제로 바꾸어 보세요.

> | 보기 |　Men oʻtkan yili Samarqand *va* Buxoroga bordim.
>
> ▶ Men oʻtkan yili Samarqand *va* Buxoroga borgan edim.

(1) Mening ukam keldi.

　▶ _____

(2) Oʻzbek tilini oʻrgandim.

　▶ _____

(3) Bu kinoni koʻrmadim.

　▶ _____

(4) Sen Toshkentga bordingmi?

　▶ _____

(5) Koreyaga sayohat qildik.

　▶ _____

2. 다음 질문을 읽고 긍정형/부정형으로 답해 보세요.

(1) Yakshanba kuni maktabga borishingiz kerakmi?

　▶ _____ [부정형]

(2) Bu kitobni oʻqishim kerakmi?

　▶ _____ [긍정형]

(3) Xitoy tilida gapira olasizmi?

　▶ _____ [긍정형]

(4) Bu dorini ichishim kerakmi?

　▶ _____ [부정형]

3. 다음 문장을 우즈베크어로 적어 보세요.

(1) 오늘 일찍 가셔도 됩니다.

▶ _____

(2) 이 약을 먹으면 안 됩니다.

▶ _____

(3) 이 음식을 먹어도 됩니까?

▶ _____

(4) 여기에서 얘기하면 안 됩니까?

▶ _____

4. 녹음을 듣고 빈칸을 채워 보세요.

MP3 09-3

Ikrom   Assalomu alaykum doktor. (1)_____ _____ ?

Shifokor   Ha, marxamat (2)_____ .

Ikrom   Doktor mening (3)_____ _____ .

Shifokor   Necha kundan beri (4)_____ ?

Ikrom   Ikki (5)_____ _____ .

Shifokor   Boshingizni ultra tovush apparatida (6)_____ _____ .
Mana bu xonaga kiring.

어깨너머 우즈베키스탄 /

· 우즈베키스탄의 설날 나브로즈 ·

우즈베키스탄의 설날인 '나브로즈Navro'z'는 우즈베키스탄 뿐만 아니라 중앙아시아 튀르크권 국가(카자흐스탄, 키르기스스탄, 투르크메니스탄, 아제르바이잔)들과 페르시아권 국가(이란, 타지키스탄)가 3월 21일을 공휴일로 지정해 나브로즈를 기념하고 있습니다. 나브로즈 명절은 봄이 다가오면서 겨울 동안 쉬고 있던 자연이 다시 소생함을 축하하기 위한 명절로 페르시아어인 나브(새로운)와 장미(날)의 합성어로 '새해'를 의미합니다.

● 수말락 Sumalak

한 해 동안 몸과 마음의 건강을 기원하여 먹었던 음식으로 초콜릿보다는 덜 달지만 고소하면서 쫀득쫀득한 맛이 일품인 수말락은 커다란 커전Qozon(가마솥)에 보리와 기름, 물 등을 넣고 10~12시간을 마치 도토리묵 만들듯이 저어줍니다. 가족과 친지, 이웃들이 모여 돌아가면서 수말락을 저을 때, 주위 사람들은 춤을 추고 노래를 하며 긴 시간의 노동을 즐겁게 보냅니다.

● 콕 섬사 Ko'k somsa

새싹과 새순이 자라는 3월, 우즈베키스탄의 전통 음식인 섬사도 나브로즈를 위해 특별 한정판을 출시합니다. 고기에 감자 호박으로 속을 채운 섬사는 파릇파릇한 새싹을 넣은 '콕 섬사'로 재탄생합니다.

이외에도 평상시에 즐겨 먹는 어쉬나 사탕, 과자 등을 주변 지인이나 가족들과 함께 나눠 먹기도 합니다. 나브로즈 명절에 친구나 친척들을 만날 때 "나브로즈를 축하드립니다!"란 뜻의 "나브로징기즈 빌란! Navro'zingiz bilan!" 또는 "나브로즈 무버락 볼슨! Navro'z muborak bo'lsin!"이라고 말하며 축하를 합니다.

Ertaga yomg'ir yog'sa kerak. Soyaboningni olib ol.

내일 비가 내릴 것 같다. 우산을 가지고 와.

학습 포인트

어떤 계획을 세울 때 날씨를 꼭 고려해야 하죠? 날씨에 관해 이야기를 할 때 날씨에 관한 어휘뿐만 아니라 추측 표현도 알아 봅시다.

주요 문법

● 추측 표현 ● ~li/~siz 형용사형 접미사 ● 접속사

추측하기

Ertaga yomg'ir yog'sa kerak.   내일 비가 내릴 것 같습니다.

U koreyalik bo'lsa kerak.   그는 한국 사람인 것 같습니다.

Biz ertaga bora olmasak kerak.

우리는 내일 갈 수 없을 것 같습니다.

날씨에 관한 표현

Bugun havo bulutli.   오늘은 하늘이 흐립니다.

Tashqarida shamol esmoqda.   밖에서 바람이 불고 있습니다.

Kecha kechqurun qor yog'di.   어제 밤에 눈이 내렸습니다.

단어	뜻	비고
Tashqari	밖	↔ ichkari 안쪽
Qo'shilmoq	같이 하다, 참여하다	Bizga qo'shil. 우리랑 같이 가.
Soyabon	우산	
Pirog	파이(음식)	= pishiriq 쿠키
Aql	지식	Aqlli 지식이 많은
Bahslashmoq	말다툼을 하다	
Aroq	술	Aroq ichmoq 술을 마시다
Tanimoq	인식하다, 알다	Tanish 지인, 아는 사이
Qorin och	배가 고프다	↔ Qorin to'q 배가 부르다
Ko'zoynak	안경	Ko'zoynak taqmoq 안경을 쓰다
Odatda	보통	
Kunduzi	낮	↔ Kechasi 밤
Ob-havo	날씨	가끔씩 havo(대기)라고도 쓰인다.
Daraxt	나무	
Fasl	계절	
Kuzatiladi.	볼 수 있다.	기후에 대해 말할 때 쓰인다.
Yarim	반	O'n ikki yarim 12시 반
Zilzila	지진	Zilzila bo'lmoq. 지진이 일어나다.
Daryo	강	
Dengiz	바다	
Esmoq	부르다	Shamol esmoq. 바람이 불다.

회화 맛보기

민준이와 니고라가 캠퍼스에서 우연히 만납니다.
민준이는 니고라에게 산행에 함께 가자고 제안을 합니다.

☐ **Do'stlarim bilan** 친구들과 같이

☐ **Bizga qo'shil.** 우리랑 같이 가.

☐ **Soat o'n beshta kam uchda** 2시 45분에

☐ **Aytganday!** 참!

☐ **To'g'ri.** 맞아.

☐ **Olib ol.** 가지고 와.

☐ **Ancha** 꽤

☐ **Bulutli bo'lyapti.** 흐립니다.

☐ **Unda.** 그럼.

잠깐만요! ⭐

■ **시간을 말할 때 주의 사항**

① 시간을 의미하는 Soat이란 단어가 항상 숫자 앞에 온다.

   Soat oʻn bir 11시   Soat 5 5시

② '~시 ~분'이라고 말하려면 oʻtmoq(지나다) 동사의 시간을 의미하는 숫자 뒤에 ~dan (~에서)이 붙는다.

   Soat yettidan yigirma besh minut (daqiqa) oʻtdi.
   7시 25분입니다. (7시에서 25분이 지났습니다.)

   Soat oltidan oʻn minut (daqiqa) oʻtdi.
   6시 10분입니다. (6시에서 10분이 지났습니다.)

③ 일상 대화에서 쓰는 '분'을 의미하는 minut 또는 daqiqa 단어들을 ~ta 접미사로 줄여서 말하고 다음 시까지 얼마나 남았는지를 말한다. 이때는 '남았다' 또는 '부족하다'를 의미하는 kam이란 단어가 쓰인다.

   Oʻnta kam sakkiz 7시 50분 (8시까지 10분 남았다.)

   Yigirma beshta kam toʻqqiz 8시 35분 (9시까지 25분 남았다.)

◀ **어휘 플러스**

■ **계절과 날씨 Fasl *va* ob-havo**

Bahor	봄	Boʻron	눈보라
Yoz	여름	Shamol	바람
Kuz	가을	Doʻl	우박
Qish	겨울	Nam	습기가 많은
Quyosh	해	Quruq	건조한
Qor	눈	Issiq	더운
Yomgʻir	비	Sovuq	추운
Chaqmoq	번개	Iliq	따뜻한
Bulut	구름	Salqin	서늘한

회화 익히기

반말로 말해요

회화

Minjun	Salom, Nigora! Ertaga nima qilmoqchisan?
Nigora	Salom! Ertaga? Shanba kunimi? Hech nima. Sen-chi?
Minjun	Men esa do'stlarim bilan toqqa ketyapmiz. Vaqting bo'lsa bizga qo'shil!
Nigora	Zo'r-ku! Yaxshi. Qayerda ko'rishmoqchisizlar?
Minjun	Soat o'n beshta kam uchda vokzal yonida ko'rishmoqchimiz. Aytganday, ertaga yomg'ir yog'sa kerak, soyaboningni olib ol.
Nigora	To'g'ri, chunki bugun havo ancha bulutli bo'lyapti. Yaxshi olib olaman.
Minjun	Mayli unda shanba kuni ko'rishamiz.
Nigora	Ko'rishguncha!

선생님의 한마디!

문장 가운데 요일을 말할 때
요일 뒤에 kuni (일)가 붙습
니다.

Shanba kuni 일요일

해석

민준	안녕, 니고라! 내일 뭐 할꺼야?
니고라	안녕! 내일? 토요일에? 아무것도 안 해. 너는?
민준	내 친구들과 함께 산에 갈 거야. 시간 되면 우리랑 같이 가자!
니고라	우아! 좋아. (너희들) 어디서 만나는데?
민준	2시 45분에 기차역 옆에서 만날 거야. 참, 내일 비가 내릴 것 같아, 우산을 가지고 와.
니고라	맞아, 왠지 오늘 날씨가 흐려. 그래 가지고 갈게.
민준	그래 그럼 토요일에 보자.
니고라	다음에 봐!

유의어 / 대치어

Soyabon = zontik 우산

Bizga qo'shil은 영어의 join
us와 유사하며 한국어로 '우리
랑 같이 개'란 뜻이다.

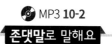

존댓말로 말해요

Minjun	Salom, Nigora! Ertaga nima qilmoqchisiz?
Nigora	Salom! Ertaga? Shanba kunimi? Hech nima. Siz-chi?
Minjun	Men esa do'stlarim bilan toqqa ketyapmiz.
	Vaqtingiz bo'lsa bizga qo'shiling!
Nigora	Zo'r-ku! Yaxshi. Qayerda ko'rishmoqchisizlar?
Minjun	Soat o'n beshta kam uchda vokzal yonida
	ko'rishmoqchimiz. Aytganday, ertaga yomg'ir yog'sa
	kerak, soyaboningizni olib oling.
Nigora	To'g'ri, chunki bugun havo ancha bulutli bo'lyapti.
	Yaxshi olib olaman.
Minjun	Mayli unda shanba kuni ko'rishamiz.
Nigora	Ko'rishguncha!

선생님의 한마디!

부정어 hech(아무)는 의문대명사 앞에 쓰이며 부정대명사를 만듭니다.

Hech kim 아무도
Hech nima 아무것도

민준	안녕, 니고라! 내일 뭐 하세요?
니고라	안녕! 내일? 토요일에요? 아무것도 안 해요. 당신은요?
민준	저는 친구들과 함께 산에 갈 겁니다. 시간 되면 우리랑 같이 가세요!
니고라	우아! 좋아요. (당신들) 어디에서 만나려고 해요?
민준	2시 45분에 기차역 옆에서 만날 거예요. 참, 내일 비가 내릴 것 같아요. 우산을 가지고 오세요.
니고라	맞아요, 왠지 오늘 날씨가 흐리네요. 그래요 가지고 갈게요.
민준	그래요 그럼 토요일에 봅시다.
니고라	다음에 봐요!

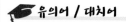 **유의어 / 대치어**

Aytganday!
= **Aytgancha!** 참!

※발음 주의※
Olib ol. [ovol, 어벌]
가지고 와.

Olib olaman.
[ovolaman, 어벌라만]
가지고 갈게.

Ⓐ 추측 표현

● 긍정형: 동사어간 + sa + 제3형 인칭어미 + kerak (~일 것 같다)

Ertaga yomg'ir yog'sa kerak. 내일 비가 내릴 것 같습니다.

U koreyalik bo'lsa kerak. 그는 한국 사람인 것 같습니다.

Men Toshkentga borsam kerak. 나는 타슈켄트에 갈 것 같습니다.

U o'zbek tilini tushunsa kerak. 그는 우즈베크어를 이해하는 것 같습니다.

● 부정형: 동사어간 + ma + sa + 제3형 인칭어미 + kerak (~아닌 것 같다)

Ertaga yomg'ir yog'masa kerak. 내일 비가 내리지 않을 것 같습니다.

U koreyalik bo'lmasa kerak. 그는 한국 사람이 아닌 것 같습니다.

Men Toshkentga bormasam kerak. 나는 타슈켄트에 가지 않을 것 같습니다.

U o'zbek tilini tushunmasa kerak. 그는 우즈베크어를 이해하지 않는 것 같습니다.

Ⓑ ~li/~siz 형용사형 접미사

명사에 형용사형 접미사 ~ li/~siz가 붙어 명사의 존재, 상태 여부를 나타낸다.

● 긍정형: 명사 + li

Menga yomg'irli havo yoqadi. 나는 비 내리는 날씨가 마음에 듭니다.

Bulutli osmonga qara. 구름이 많은 하늘을 봐.

Opam bilan olmali pirog pishirdim. 언니와 함께 사과 파이를 만들었습니다.

Men oshqovoqli somsani yomon ko'raman. 저는 호박이 있는 섬사를 싫어합니다.

● 부정형: 명사 + siz

Shakarsiz kofeni icha olmayman. 설탕이 없는 커피를 못 마십니다.

U darsga daftarsiz keldi. 그는 수업에 교재 없이 왔습니다.

Menga oshqovoqsiz somsa bering. 저에게 호박이 없는 섬사를 주세요.

Aqlsiz odam bilan bahslashmang. 지식이 없는 사람이랑 말다툼하지 마세요.

ⓒ 접속사

다음은 우즈베크어로 가장 자주 쓰이는 접속사들입니다.

- **Ham** (~도) : 명사나 대명사 뒤에 쓰인다.

  Alisher ham shu universitet talabasi. 알리세르도 이 대학교 학생입니다.

  Men ham u ham bilmaymiz. 나도 그도 모릅니다.

- **Va** (~와/과, 그리고) : 두개 이상의 개념이나 단어를 연결할 때 쓰이며 항상 마지막 단어 앞에 온다.

  Aziz, Bahodir *va* Nigora kutubxonaga bordilar.
  아지즈, 바허드르 그리고 니고라가 도서관에 갔습니다.

  Bu yerda aroq ichish *va* sigaret chekish mumkin emas.
  여기에서 술 마시는 것과 흡연은 금지되어 있습니다.

- **Ammo, Lekin, Biroq** (하지만, 그렇지만) : 앞에 보통 쉼표가 온다.

  Minsu O'zbekistonda yashaydi, lekin o'zbek tilini bilmaydi.
  민수는 우즈베키스탄에서 삽니다. 하지만 우즈베크어를 못합니다.

  Men uni taniyman, ammo u mening yaqin do'stim emas.
  저는 그를 압니다. 하지만 그는 제 친구가 아닙니다.

- **Chunki** (왜냐하면) : 앞에 보통 쉼표가 온다.

  U shu kunlarda juda band, chunki u imthonga tayyorgarlik ko'ryapti.
  그는 요즘 아주 바쁩니다. 왜냐하면, 그는 시험 준비를 하고 있습니다.

  Mening qornim juda och, chunki nonushta qilmadim.
  저는 배가 많이 고픕니다. 왜냐하면, 아침 식사를 하지 않았습니다.

- **Ya'ni** (즉) : 앞에 보통 쉼표가 온다.

  Men shu universitetda o'qiyman, ya'ni talabaman.
  나는 이 대학교에서 공부합니다. 즉, 대학생입니다.

  Biz ertaga, ya'ni shanba kuni ko'rishamiz.
  우리는 내일 즉, 토요일에 만날 거야.

1. 다음 질문에 〈보기〉와 같이 주어진 제시어를 사용해 답해 보세요.

| 보기 | A: U ertaga keladimi?
B: Ertaga / kelmoq ▶ Ertaga kelsa kerak. [긍정형]

(1) A: Ertaga yomg'ir yog'adimi?

B: Ertaga / yog'moq ▶ _____ [부정형]

(2) A: Bugun dars bo'ladimi?

B: Dars / bo'lmoq ▶ _____ [긍정형]

(3) A: Kinoga boramizmi?

B: Kino / bormoq ▶ _____ [긍정형]

(4) A: U amerikalikmi?

B: Amerikalik / bo'lmoq ▶ _____ [부정형]

2. 다음 〈보기〉에서 알맞은 단어로 빈칸을 채워 문장을 완성해 보세요.

| 보기 | Shakarli Tuzsiz Oshqovoqli Shokoladsiz Ko'zoynakli

(1) Menga _____ ovqatlar yoqmaydi.

(2) Bitta _____ muzqaymoq bering.

(3) Men _____ kofe ichmayman.

(4) _____ erkakni bilasizmi?

(5) _____ ovqat juda bemaza.

3. 다음 문장을 우즈베크어로 적어 보세요.

(1) 우즈베크어는 아주 재미있습니다. 하지만 어렵습니다.

▶ _____

(2) 그는 오늘 늦게 올 것 같습니다. 왜냐하면 그의 수업이 늦게 끝나기 때문입니다.

▶ _____

(3) 나도 민준도 이 영화를 본 적이 없었습니다.

▶ _____

(4) 우즈베키스탄에서 우즈베크어와 우즈베크 문화를 배우고 있습니다.

▶ _____

4. 녹음을 듣고 빈칸을 채워 문장을 완성해 보세요.   🎧 MP3 **10-3**

O'zbekistonda (1)_____ faslida odatda havo juda (2)_____

bo'ladi. Kuz faslida esa kunduzi (3)_____, kechasi esa (4)_____

ob-havo kuzatiladi. Qishda ko'p (5)_____ _____, bahorda esa

(6)_____ _____ _____ .

어깨너머 우즈베키스탄

• 우즈베키스탄의 국기와 국장 •

우즈베키스탄의 국기는 1991년 11월 18일에 국기로 지정되었습니다. 국기의 파란색 바탕에는 초승달과 흰색 오각별 12개를 배치하였는데 고유의 전통과 문화를 상징하며 12궁도를 나타냅니다. 우즈베키스탄 인구의 90% 이상이 이슬람교를 믿는 국가로 초승달이 이슬람교의 상징임에도 불구하고 종교보다는 국가 부활에 더 의미를 두고 해석된다는 점이 특징입니다. 하얀색은 평화를, 초록색은 자연을, 빨간색은 생명력을, 파란색은 영원한 밤과 생명의 근원인 물을 상징합니다.

우즈베키스탄의 국장은 1992년 7월 2일에 제정되었습니다. 국장 가운데에는 떠오르는 태양 바탕에 후머Humo라는 새가 날개를 펼치고 있는 형상의 디자인이 그려져 있으며, 국장 위에 그려져 있는 파란색 팔각별 안에는 하얀색 초승달과 별이 그려져 있습니다. 후머는 사랑과 행복, 자유의 상징으로 여기는 새이며, 팔각별은 우즈베키스탄의 종교인 이슬람교의 상징입니다. 국장 왼쪽에는 목화가 장식되어 있으며, 오른쪽에는 밀 이삭이 장식되어 있습니다. 그리고 아래쪽에는 파란색, 하얀색, 초록색 세 가지 색의 가로줄 무늬로 구성된 리본이 목화와 밀 이삭을 묶고 있으며, 리본 가운데에는 우즈베키스탄O'zbekiston이라는 국명이 우즈베크어로 쓰여 있습니다.

우즈베키스탄 국기

우즈베키스탄 국장

Nima buyurasiz?

무엇을 주문하시겠습니까?

학습 포인트

레스토랑이나 식당에서 음식을 주문할 때 음식 이름뿐만 아니라 주문할 때 쓰이는 표현들도 알아야 합니다. 식당과 음식에 관한 표현들을 배워 보겠습니다.

주요 문법

● ~sh/ish uchun ● ~기 때문에 ● deb

음식 주문하기

Qora choy bersangiz. 홍차 주세요.

Menga bitta sho'rva olib keling.

저에게 수프 한 그릇 가져다 주세요.

음식에 대해 말하기

Sho'rva sovib qolibti. 수프는 차갑습니다.

Go'shtsiz taom ham bormi? 고기 없는 음식도 있나요?

Rahmat. Juda mazali bo'libti. 감사합니다. 아주 맛있었습니다.

Ovqat juda sho'r bo'libti. 음식이 너무 짭니다.

~기 위해

Ozish uchun har kuni yuguraman.

살을 빼기 위해 매일 달립니다.

Ovqatlanish uchun koreys oshxonasiga bordik.

식사하기 위해 한국 식당에 갔습니다.

단어	뜻	비고
Buyurmoq	주문하다	Buyurtma 주문
Sho'rva	수프	
Choynak	주전자	Ikki choynak choy 차 두 주전자
Qora choy	홍차	Ko'k choy 녹차
Yoqimli ishtaha.	맛있게 드세요.	
Sovib qolmoq	차가워지다	
Ozmoq	살 빠지다	↔ Semirmoq 살 찌다
Oshxona	식당	
Restoran	레스토랑	
Qani	잘, 어서	Qani ketdik. 어서 가자.
Xo'sh…	자…, 그러면…	Xo'sh… nima qilish kerak? 자… 뭘 해야 하지?
Salomatlik	건강	= Sog'lik
Kabob	케밥	= Shashlik 꼬치
Kelasi yil	내년	O'tgan yil 작년 Shu yil 올해
Masalliq	재료	음식 만들 때 필요한 재료
Yolg'iz	혼자	
Futbol	축구	Futbol o'ynamoq 축구 하다
Ishonmoq	믿다	
So'ramoq	묻다	
Aytmoq	말하다	
Uncha	별로	Uncha yoqmadi. 별로 마음에 들지 않았다.
Badan tarbiya	아침 체조	Badan tarbiya qilmoq. 아침 체조를 하다.
Dugona	친구(여자)	
Krevetka	새우	
Vegetarian	채식주의자	Salat 샐러드
Xushmuomala	예의 바른, 정중한	Xushmoumala ofitsiant 정중한 웨이터
Xizmat	업무, 서비스	Xizmat qilmoq / ko'rsatmoq 서빙하다

회화 맛보기

민준이와 니고라가 식사하러 학교 근처의 음식점에 갔습니다.
민준이는 케밥을 시키고, 니고라는 야채수프를 주문합니다.

핵심단어

- Nima buyurasiz? 무엇을 주문하시겠습니까?

- Parhez qilyapman. 다이어트 중입니다.

- Parhez taom 다이어트 음식

- Hozircha 아직, 일단

- Sabzavotli sho'rva 야채수프

- Nima ichasizlar?

  무엇을 드시겠습니까? (마시겠습니까?)

- Xo'p bo'ladi. 네 알겠습니다.

잠깐만요! ★

동사적인 명사는 동사로부터 만들어진 명사입니다. 한국어로 '~는 것, ~기'와 유사합니다.

> **동사어간 + (모음)sh/(자음)ish** ~는 것, ~기

Chekish salomatlik uchun zarar. 담배 피우는 것은 건강에 해롭습니다.

Palov pishirish uchun guruch, go'sht *va* sabzi kerak.
필라프를 만들기 위해 쌀, 고기 그리고 당근이 필요합니다.

■ 맛을 의미하는 형용사

Shirin	달다	Nordon	시다
Achchiq	맵다	Mazali	맛있다
Sho'r	짜다	Bemaza	맛없다
Chuchuk	싱겁다	Taxir	떫다

■ 음식을 만들 때 쓰이는 동사

Pishirmoq	요리하다	Qovurmoq	볶다
Aralashtirmoq	섞다	Solmoq	넣다
Dimlamoq	김을 내다, 찌다	To'g'ramoq	썰다
Dudlamoq	훈제로 하다	Kesmoq	자르다

회화 익히기

반말로 말해요

회화 ▶

선생님의 한마디!

'물을 마시다'의 표현은 한국어로 '물을 먹다'라고도 표현이 가능하지만, 우즈베크어로는 '물을 먹다'가 아닌 '물을 마시다'인 **Suv ichmoq**가 됩니다.

Ofitsiant	Xush kelibsiz. Marxamat o'tiring. Nima buyurasiz?
Minjun	Rahmat. Qani menyuni ko'raylikchi. Xo'sh…
Nigora	Go'shtsiz taomlar ham bormi?
	Men shu kunlarda ozish uchun parhez qilyapman.
Ofitsiant	Ha, bizda parhez taomlar ham bor.
Minjun	Menga hozircha ikkita kabob olib keling.
Nigora	Menga esa sabzavotli sho'rva.
Ofitsiant	Xo'p, bo'ladi. Nima ichasizlar?
Minjun	Qora choy bersangiz.
Ofitsiant	Yaxshi.
(Birozdan so'ng)	
Ofitsiant	Marxamat. Yoqimli ishtaha!

해석 ▶

웨이터	어서 오세요. 여기 앉아요. 무엇을 주문하세요?
민준	감사합니다. 어서 메뉴를 보자. 자….
니고라	고기가 안 들어간 음식들도 있나요? 제가 살을 빼기 위해 다이어트 중이거든요.
웨이터	네, 다이어트 음식도 있습니다.
민준	나에게 우선 케밥 두 개를 가져다줘요.
니고라	나는 야채수프요.
웨이터	네, 알겠습니다. 마실 것도 줄까요?
민준	홍차 주세요.
웨이터	네.
(잠시 후에)	
웨이터	주문하신 거 나왔습니다. 맛있게 드세요!

유의어 / 대치어

Taom = ovqat 음식

Qora choy
= (구어체) **Pamil choy** 홍차

Ofitsiant	Xush kelibsiz. Marxamat o'tiring. Nima buyurasiz?
Minjun	Rahmat. Qani menyuni ko'raylikchi. Xo'sh…
Nigora	Go'shtsiz taomlar ham bormi?
	Men shu kunlarda ozish uchun parhez qilyapman.
Ofitsiant	Ha, bizda parhez taomlar ham bor.
Minjun	Menga hozircha ikkita kabob olib keling.
Nigora	Menga esa sabzavotli sho'rva.
Ofitsiant	Xo'p, bo'ladi. Nima ichasizlar?
Minjun	Qora choy bersangiz.
Ofitsiant	Yaxshi.

(Birozdan so'ng)

Ofitsiant	Marxamat. Yoqimli ishtaha!

선생님의 한마디!

가끔 Kabob(꼬치)같은 꼬챙이가 사용되는 음식들의 수량을 말할 때 숫자 다음에 Six(꼬챙이)이란 단어가 쓰입니다.

Ikkita kabob
= Ikki six kabob 케밥 2개

웨이터	어서 오세요. 여기 앉으세요. 무엇을 주문하시겠습니까?
민준	감사합니다. 어서 메뉴를 봅시다. 자….
니고라	고기가 안 들어간 음식들도 있나요? 제가 살을 빼기 위해 다이어트 중이거든요.
웨이터	네, 다이어트 음식도 있습니다.
민준	나에게 우선 케밥 두 개를 가져다주세요.
니고라	나는 야채수프요.
웨이터	네, 알겠습니다. 마실 것도 드릴까요?
민준	홍차 주세요.
웨이터	네.

(잠시 후에)

웨이터	주문하신 거 나왔습니다. 맛있게 드세요!

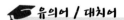 유의어 / 대치어

Yoqimli ishtaha.
= Osh bo'lsin.
맛있게 드세요.

Menyu
= Taomnoma 메뉴

GRAMMATIKA |문법|

Ⓐ ~sh/ish uchun (~기 위해(서))

동사어간의 마지막 글자가 모음으로 끝나면 ~sh uchun, 자음으로 끝나면 ~ish uchun 어미를 붙이고 목적 또는 목표를 의미하는 표현을 만든다.

> 동사어간 + sh/ish uchun

Men ozish uchun har kuni ertalab yuguraman.
나는 살을 빼기 위해 매일 아침에 달립니다.

Ovqat pishirish uchun uyga masalliq olib keldim.
음식을 만들기 위해 집에서 재료를 가지고 왔습니다.

O'zbek tilini o'rganish uchun bu yerga keldim.
우즈베크어를 배우기 위해 여기에 왔습니다.

Guruch sotib olish uchun bozorga bordim.
쌀을 사기 위해 시장에 갔습니다.

Ⓑ ~기 때문에

어떤 사건이나 일의 이유에 대해 말할 때 쓰인다. uchun, tufayli, sababli는 모두 같은 '~기 때문에, ~아/어/해서'의 의미를 가지고 있으므로 단어들을 서로 바꿔 써도 같은 의미가 된다.

● 긍정형: 동사어간 + gan + 소유격 어미 + uchun / tufayli / sababli

Men o'zbek tilini bilganim uchun yolg'iz sayohat qila olaman.
나는 우즈베크어를 알기 때문에 혼자 여행할 수 있습니다.

Aziz futbolni yaxshi ko'rgani tufayli har kuni futbol o'ynaydi.
아지즈는 축구를 좋아하기 때문에 매일 축구를 합니다.

U kasal bo'lgani sababli kecha darsga kela olmadi.
그는 아프기 때문에 어제 수업에 올 수 없었습니다.

Biz sizni bilganimiz uchun sizga ishonamiz.
우리는 당신을 알기 때문에 당신을 믿습니다.

● 부정형: 동사어간 + ma + gan + 소유격 어미 + uchun / tufayli / sababli

Men oʻzbek tilini bilmaganim uchun yolgʻiz sayohat qila olamayman.
나는 우즈베크어를 모르기 때문에 혼자 여행할 수 없습니다.

Aziz futbolni yaxshi koʻrmagani tufayli har kuni futbol oʻynamaydi.
아지즈는 축구를 좋아하지 않기 때문에 매일 축구를 하지 않습니다.

U kasal boʻlmagani sababli bugun darsga kela oladi.
그는 아프지 않기 때문에 오늘 수업에 올 수 있습니다.

Biz sizni bilmaganimiz uchun sizga ishonmaymiz.
우리는 당신을 모르기 때문에 당신을 믿지 않습니다.

ⓒ deb (~라고, ~다고)

Deb(~라고)는 aytmoq(말하다), eshitmoq(듣다), bilmoq(알다/삼다), soʻramoq(묻다) 동사들과 자주 쓰인다.

Minjun Oʻzbekistonda yashayapti deb eshitdim.
민준은 우즈베키스탄에서 살고 있다고 들었습니다.

Ertaga ob-havo issiq boʻladi deb eshitdik.
내일 날씨가 더울 거라고 들었습니다.

Bugun keladi deb aytdim.
오늘 올 거라고 말했습니다.

Sizni yaqin doʻstim deb bilaman.
당신이 친한 친구라고 알고 있습니다.

1. 다음 제시어를 〈보기〉와 같이 알맞게 배열하여 문장을 완성해 보세요.

> |보기| Biz / sayohat qilmoq / Samarqand / bormoq
>
> ▶ Biz sayohat qilish uchun Samarqandga bordik.

(1) Minjun / kimchi / tayyorlamoq / karam / sotib olmoq

▶ _____

(2) Men / kitob / o'qimoq / kutubxona / bormoq

▶ _____

(3) U / badan tarbiya qilmoq / erta / turmoq

▶ _____

(4) Men / Shahzod / bilan / ko'rishmoq / vokzal yoni / kelmoq

▶ _____

2. 다음 〈보기〉와 같이 deb을 사용해 질문에 답해 보세요.

> |보기| Aziz nega maktabga kelmadi?
>
> ▶ U kasal bo'lib qoldi deb eshitdim.

(1) Nigora ingliz tilini biladimi?

▶ _____

(2) Feruza yangi mashina sotib oldimi?

▶ _____

(3) Minjun yaxshi talabami?

▶ _____

(4) Lola Koreyada o'qiydimi?

▶ _____

3. 다음 문장을 우즈베크어로 적어 보세요.

(1) 저는 늦게 일어났기 때문에 수업에 지각했습니다.

    ▶ _____

(2) 민준은 타슈켄트에서 살았기 때문에 타슈켄트를 잘 압니다.   * yaxshi 잘

    ▶ _____

(3) 저는 우즈베크어를 모르기 때문에 당신을 이해할 수 없습니다.

    ▶ _____

(4) 어제 수업에 가지 않았기 때문에 오늘 수업이 어려웠습니다.   * bo'lmoq 동사 사용

    ▶ _____

4. 녹음을 듣고 빈칸을 채워 문장을 완성해 보세요.   🎧 MP3 **11-3**

Bugun dugonam bilan fransuz restoraniga bordik. U yerda men krevetkali
salat (1)_____, dugonam esa vegetarian u go'shtli taomlarni
yemaydi. U sabzavotli sho'rva buyurtirdi. (2)_____ juda
xushmuomala xizmat qildi. Ammo salat biroz (3)_____ bo'lgani
uchun menga uncha yoqmadi. Dugonam esa sho'rva juda mazali bo'libti
(4)_____ _____. Biz kelasi hafta yana shu restoranga bormoqchimiz.

어깨너머 우즈베키스탄 /

· 우즈베키스탄과 라마전 ·

우즈베키스탄에는 다양한 명절이 있습니다. 그중에서 전체 인구 가운데 이슬람교를 믿는 무슬림이 90%에 달하는 우즈베키스탄에서 가장 큰 종교적인 명절은 '라마전Ramazon'입니다. 라마전 명절에는 약 한 달간 금식이 행해지는데, 이 금식 행위는 단순히 음식물을 섭취하지 않는다는 의미가 아니라 그간의 탐욕, 분노, 시기 등을 금식으로서 깨끗이 비워내 정제하고 몸과 마음을 다시 재정비한다는 의미를 가집니다.

물론 라마전 기간에 모든 무슬림이 음식을 전혀 섭취하지 않는 것은 아닙니다. 이슬람 사원에서는 하루 다섯 번의 기도문을 읽는데, 하루가 시작되는 새벽 기도문을 읽을 때까지는 음식을 섭취할 수 있습니다. 그리고 저녁 기도문을 읽을 때까지 금식해야 합니다. 새벽 시간에 먹는 음식을 '싸하를릭Saharlik'이라고 하며, 저녁 시간에 먹는 음식을 '이프터를릭Iftorlik'이라고 하는데, 무슬림들은 이 두 번의 식사를 최대한 정성껏 준비하여 가족과 함께 모여 먹습니다.

물론 이 라마전 명절 중 금식의 의무로부터 자유로운 사람도 있습니다. 금식이 어려운 어린이나 노약자, 건강이 좋지 않은 사람, 임산부 등은 라마전 명절 때 금식을 할 수 없습니다.

이슬람교를 믿는 무슬림들에게 라마전은 아주 큰 의미입니다. 때문에 라마전 기간 동안 행해지는 금식은 단순히 음식에 대한 욕심을 걷어낸다는 의미라기보다 삶의 자제력과 인내심을 기르기 위한 하나의 수행으로 여겨집니다. 그뿐만 아니라 금식이라는 행위를 통해 배고프고 소외된 사람의 마음을 깊이 있게 공감하고자 하며 이들을 돌아보지 못했던 자신의 모습을 반성하기도 합니다.

라마전의 상징 대추야자와 랜턴

Hov ana u qizil ko'ylak kiygan qiz kim?

저 빨간색 원피스 입은 여자는 누구야?

학습 포인트

일상생활에서 상대와 옷차림에 대해 자주 이야기하기도 합니다. 옷차림에 대한 표현과 물건이나 사람을 묘사하는 방법을 배워 보겠습니다.

주요 문법

● 현재완료시제 ● Kiymoq 동사의 상용법 ● 반복 접속사

모르는 사람 묘사하기

Ana u jinsi shim kiygan yigit kim? Bilasanmi?

저 청바지 입은 남자가 누구야? 알아?

Men ertaga oq futbolkada bo'laman.

나는 내일 흰색 티셔츠를 입고 있을 거야.

Rasmdagi qiz qizil ko'ylak kiygan.

사진에 있는 여자가 빨간색 원피스를 입고 있습니다.

반복 접속사

Bugun yoki konsertga, yoki kinoga boramiz.

오늘은 콘서트 아니면 영화관에 갈 거야.

Nigora shanba kuni na ishlaydi, na o'qiydi.

니고라는 토요일에 일도 하지 않고 공부도 하지 않습니다.

Biz kitob ham o'qimadik, televizor ham ko'rmadik.

우리는 책도 읽지 않았고 텔레비전도 보지 않았습니다.

단어	뜻	비고
Kiymoq	입다	
Kiyim	옷차림	
Shim	바지	Jinsi shim 청바지
Futbolka	티셔츠	
Ko'ylak	셔츠, 원피스	남자의 경우 셔츠, 여자의 경우 원피스
Shlyapa	모자	Shlyapa kiygan 모자 쓴
Palto	외투	Kurtka 점퍼, 재킷
Galstuk	넥타이	Galstuk taqmoq. 넥타이를 매다.
Tufli	구두	Tufli kiymoq. 구두를 신다.
Milliy	전통	Milliy kiyim 전통의상
Kalta	짧다	Kalta yubka 짧은 치마
Uzun	길다	Uzun shim 긴 바지
Keng	넓다	
Tor	좁다	
Tug'ilmoq	태어나다	
Eslashimcha	기억하기로는	Eslamoq 기억하다
Bo'y	키	Bo'yi balan. 키가 크다. Bo'yi past. 키가 작다.
Qarz	빚	Qarz bermoq. 빌려주다. Qarz to'lamoq. 빚을 갚다.
Xat	편지	Xat yubormoq. 편지를 보내다.
Mehmon	손님	
O'qishga kirmoq	입학하다	~ga o'qishga kirmoq. ~에 입학하다.
Qaytib kelmoq	돌아오다	
Tugatmoq	끝내다, 졸업하다	Maktabni tugatmoq. 학교를 졸업하다.

회화 맛보기

민준과 사르도르가 학교 식당에서 같이 식사를 하고 있습니다.
민준이 여동생을 닮은 빨간색 원피스 입은 여자를 보고는 문득 가족이 그리워집니다.

핵심단어

- Hov ana u 저
- Qizil koʻylak 빨간색 원피스
- Yangi keldi. 새로 왔어.
- Singlimga oʻxshar ekan.
  나의 여동생을 닮았네.

- Sogʻinmoq 보고 싶다. 그립다
- Sogʻindim. 보고 싶어.
- Ayniqsa 특히
- Tez orada 곧

잠깐만요! ⭐

① 동사어간 + r/ar ekan

문장 끝에 쓰이고 한국어로 놀라움을 표현할 때 쓰이는 '~네.'의 의미가 있습니다.

Mening ukamga o'xshar ekan. 나의 남동생을 닮았네.

U har kuni sport bilan shug'ullanar ekan. 그는 매일 운동을 하네.

② 명사/형용사/부사 + ekan

Uning bo'yi mening bo'yimdan balandroq ekan. 그의 키가 나의 키보다 더 크네.

Bizning ustozimiz ekanlar. 우리 선생님이시네요. (높임말)

어휘 플러스

■ 색깔 Ranglar

Oq	흰색	Yashil	초록색
Qora	검은색	Ko'k	파란색
Kulrang	회색	Pushti	분홍색
Qizil	빨간색	Jigarrang	갈색
Sabzi rang	주황색	Och ~ [색깔]	연한 ○○
Sariq	노란색	To'q ~ [색깔]	짙은 ○○

회화 익히기

회화

선생님의 한마디!

가까운 거리에 위치한 사람이나 물건을 보여 줄 때 Hov ana u(저)가 쓰인다.

Hov anavi bino 저 건물
Hov anavi kishi 저 분

Minjun	Yoqimli ishtaha Sardor.
Sardor	Rahmat. Senga ham.
Minjun	Sardor, hov ana u qizil ko'ylak kiygan qiz kim?
	Bilasanmi?
Sardor	Qaysi? Ha, u qiz universitetga yangi keldi.
	Ismi eslashimcha Shahlo.
Minjun	Tushunarli. Mening singlimga o'xshar ekan.
	Oilamni sog'indim ochig'i. Ayniqsa singlimni.
Sardor	Tushunaman do'stim. Tez orada ta'til boshlanadi.
	Ular bilan ko'rishasan.
Minjun	Ha, to'g'ri.

해석

민준	맛있게 먹어 사르도르.
사르도르	고마워. 너도.
민준	사르도르, 저 빨간색 원피스 입은 여자가 누구야? 알아?
사르도르	어느(여자)? 아, 저 여자는 대학교에 새로 왔어.
	이름이 내가 기억하기로는 샤흘로야.
민준	그렇군. 내 여동생을 닮았네. 사실은 가족이 보고 싶어. 특히 여동생.
사르도르	이해해 친구야. 곧 방학이 시작될 거야. 가족이랑 만날 거야.
민준	응, 그래.

유의어 / 대치어

Ochig'i = To'g'risi
사실은, 솔직히

Minjun	Yoqimli ishtaha Sardor.
Sardor	Rahmat. Sizga ham.
Minjun	Sardor, hov ana u qizil ko'ylak kiygan qiz kim? Bilasizmi?
Sardor	Qaysi? Ha, u qiz universitetga yangi keldi. Ismi eslashimcha Shahlo.
Minjun	Tushunarli. Mening singlimga o'xshar ekan. Oilamni sog'indim ochig'i. Ayniqsa singlimni.
Sardor	Tushunaman do'stim. Tez orada ta'til boshlanadi. Ular bilan ko'rishasiz.
Minjun	Ha, to'g'ri.

선생님의 한마디!

대부분의 형용사가 동사 앞에
올 때 부사의 역할을 합니다.

U bu yerga yangi keldi.
그는 여기에 새로 왔다.

U menga tez gapirdi.
그는 나한테 빨리 말했다.

민준	맛있게 드세요 사르도르 씨.
사르도르	감사합니다. 당신도요.
민준	사르도르 씨, 저 빨간색 원피스 입은 여자가 누구예요? 아세요?
사르도르	어느(여자요)? 아, 저 여자는 대학교에 새로 왔어요. 이름이 제가 기억하기로는 샤흘로예요.
민준	그렇군요. 제 여동생을 닮았네요. 사실은 가족이 보고 싶어요. 특히 여동생.
사르도르	이해해요 친구. 곧 방학이 시작될 거예요. 가족이랑 만나실 거예요.
민준	네, 맞아요.

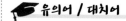

유의어 / 대치어

~ ga o'xshamoq
~을/를 닮다, ~와/과 같다

Onamga o'xshaysiz.
우리 어머니를 닮으셨다.

**Bu yer Koreyaga
o'xshamaydi.**
여기는 한국 같지 않다.

Ⓐ 현재완료시제

과거에 일어나서 현재 완료된 일에 대해 말할 때 쓰인다. 동사어간에 현재완료시제 어미와 함께 제2형 인칭어미를 붙인다. 부정형은 현재완료시제 어미 전에 부정어미를 붙임으로써 만들어진다.

- 긍정형: 동사어간 + gan + 제2형 인칭어미

    Men bu shaharda boʻlganman. 나는 이 도시에 간 적이 있다.

    U bu kitobni oʻqigan. 그는 이 책을 읽은 적이 있다.

    Nigora qizil futbolka kiygan. 니고라는 빨간색 티셔츠를 입었다. (입고 있다.)

    Ingliz tilini oʻrganganmiz. (우리는) 영어를 배운 적이 있다.

- 부정형: 동사어간 + ma + gan + 제2형 인칭어미

    Men bu shaharda boʻlmaganman. 나는 이 도시에 간 적이 없다.

    U bu kitobni oʻqimagan. 그는 이 책을 읽은 적이 없다.

    Nigora qizil futbolka kiymagan. 니고라는 빨간색 티셔츠를 입지 않았다. (입고 있지 않다.)

    Ingliz tilini oʻrganmaganmiz. (우리는) 영어를 배운 적이 없다.

- 의문형⑴: 긍정형/의문형 + mi? (men, biz, u)

    Biz bu shaharda boʻlganmizmi? 우리가 이 도시에 간 적이 있어?

    Men sendan qarz olganmanmi? 나는 너한테 돈을 빌린 적이 있어?

    U oq futbolka kiyganmi? 그는 하얀색 티셔츠를 입었습니까?

    Biz bu kinoni koʻrganmizmi? 우리는 이 영화를 본 적이 있어?

- 의문형⑵: 동사어간 + (ma)gan + mi + 제2형 인칭대명사 (sen, siz, sizlar, ular)

    Siz bu shaharda boʻlganmisiz? 당신은 이 도시에 간 적이 있습니까?

    Samarqandni koʻrmaganmisan? 사마르칸트를 본 적이 없어?

    Sen kecha maktabga kelganmisan? 너는 어제 학교에 온 적이 있어?

    Ular bu kinoni koʻrmaganmilar? 그들은 이 영화를 본 적이 없습니까?

ⓑ Kiymoq 동사의 상용법

'~사람이 ~옷을 입고 있다'고 말할 때 kiymoq(입다) 동사의 현재완료시제가 쓰인다.

> Qora shim kiygan yigit 검정색 바지 입은 남자
> Shlyapa kiygan amaki 모자 쓴 아저씨

● Kiymoq과 Kiyinmoq

Kiymoq은 타동사이며 목적어와 함께 사용될 수 있다.

> Ular har kuni oq ko'ylak kiyadilar. 그들은 매일 흰색 셔츠를 입는다.
> Qishda palto kiyaman. 겨울에는 코트를 입는다.

Kiyinmoq은 재귀동사이며 목적어와 함께 쓰이지 않는다. '입다, 입고 다니다'의 뜻을 가지고 있다.

> Ular odatda juda yaxshi kiyinadilar. 그들은 보통 (옷을) 잘 입고 다닌다.
> Shifokorlar qanday kiyinadilar? 의사들은 어떻게 입고 다녀?

ⓒ 반복 접속사

문장 가운데 반복되어 사용되며 앞의 체언이나 문장의 뜻을 뒤의 체언 또는 문장에 이어 주는 역할을 한다.

● Na~ na~ + 부정 : ~지도 않고 ~지도 않다, ~도 ~도 없다.

> U yakshanba kuni na ishlaydi, na o'qiydi. 그는 일요일에 일하지도 않고 공부하지도 않는다.
> Anvar bilan na bugun, na ertaga ko'risha olaman. 아바르랑 오늘도 내일도 만날 수 없다.

● Yoki~ yoki~ : ~거나

> Koreyaga borib yoki telefon qilaman, yoki xat yuboraman.
> 한국에 가서 전화하거나 편지 보낼 거야.

> Men u bilan yoki bugun, yoki ertaga uchrashaman.
> 나는 그와 오늘 만나거나 내일 만날 거야.

1. 다음 제시어를 〈보기〉와 같이 알맞게 배열하여 현재완료시제형 문장으로 만들어 보세요.

> | 보기 | Men / Samarqand / bormoq
>
> ▶ Men Samarqandga borganman. (나는 사마르칸트에 간 적이 있다.)

(1) Men / bu universitet / bir yil oldin / oʻqishga kirmoq

▶ _____ (나는 1년전에 입학한 적이 있습니다.)

(2) Biz / tarix / muzey / bormoq

▶ _____ (우리는 역사 박물관에 간 적이 있습니다.)

(3) Ular / hech qachon / sayohat qilmoq

▶ _____ (그들은 여행한 적이 전혀 없다.)

(4) Sen / yordam bermoq

▶ _____ (너는 도와 준 적이 없다.)

2. 다음 빈칸을 반복 접속사를 사용해 문장을 완성해 보세요.

(1) Men futbol oʻynashni _____ koʻrishni _____ yaxshi koʻraman.

(2) U menga _____ xat yozdi, _____ telefon qildi.

(3) Bugun Nigora bilan _____ kinoga, _____ konsertga boramiz.

(4) _____ bu hafta, _____ kelasi hafta sayohat qila olaman.

3. 다음 우즈베크어를 해석해 보세요.

(1) Men O'zbekistonga bormaganman.

   ▶ _____

(2) Ingliz tilini o'rganganman.

   ▶ _____

(3) Siz Koreyaga borganmisiz?

   ▶ _____

(4) Minjun bu kinoni ko'rmagan.

   ▶ _____

4. 녹음을 듣고 빈칸을 채워 문장을 완성해 보세요.   MP3 **12-3**

Mening ismim Sanjar. Men 1992-yil 12-Avgustda Toshkentda

(1)_____. Men maktabni tugatgach O'zbekiston Davlat

Jahon Tillari Universitetiga o'qishga (2)_____.

U yerda koreys tilini (3)_____.

2015-yilda Koreyaga (4)_____ _____.

어깨너머 우즈베키스탄

· 우즈베키스탄의 전통 의상 ·

전통적인 우즈베키스탄의 의상은 이슬람 문화의 영향을 받았습니다. 남자는 '초펀Chopon'이라고 부르는 앞 단이 트인 긴 옷을 입습니다. 팔 부분은 손등까지 덮이는 긴 팔이고 통은 조금 넓지만, 한국의 도포처럼 넓지는 않습니다. 앞을 오른쪽이 트이도록 단추 하나로 여미거나 그대로 풀어둡니다. 색상은 다양하지만 주로 짙은 회색이나 군청색 또는 기하학적 무늬가 새겨진 검은색이며 겨울에는 천을 두껍게 하여 누비기도 합니다. 머리에는 '도프do'ppi'라는 모자를 쓰는데, 사각형의 돔 모양에 흰색 실로 아라베스크 문양이 네 군데 새겨져 있습니다. 도프는 간편하게 평면으로 접을 수 있으며 색상은 카키색이나 검은색입니다. 지금도 시내에서 이런 복장을 한 우즈베크 어르신들을 자주 만날 수 있습니다. 꼭 어르신이 아니라도 남자 중 다수는 도프를 꼭 착용합니다.

여자들의 복장은 앞이 트이지 않는 원피스 형태입니다. 치마 단은 발목 정도까지 깁니다. 치마 안에는 약간 달라붙는 치마와 같은 천으로 속바지를 입습니다. 머리에는 실크나 순면으로 된 화려한 아라베스크 무늬의 스카프를 삼각형으로 접어 머리 뒤쪽으로 묶어 맵니다. 가운처럼 앞이 트이고 오른쪽으로 트이게 여미며 허리를 끈으로 묶는 옷을 입기도 하지만 외출복으로는 입지 않습니다. 색상은 여러 색이지만 주로 노란색 바탕에 붉은색, 초록색, 파란색, 자주색 등이 화려하게 짜인 천이 가장 전통적입니다. 한가지 색이라도 무늬가 있는 것을 선호합니다. 겨울에는 옷을 누벼 입기도 합니다.

도프 Do'ppi

전통의상을 입고 있는 어린이

Kelasi oyda sayohat qilmoqchiman.

다음 달에 여행을 가려고 해.

학습 포인트

우즈베키스탄에는 2500년의 역사를 품고 있는 샤마르칸트, 부하라, 히바 같은 고대 도시들이 있습니다. 그 도시들을 여행할 때 필요한 표현과 문법을 배워 보겠습니다.

주요 문법

● 과거 분사 : ~ㄴ/은 ● 현재 분사 : ~고 있는 ● 미래 분사 : ~ㄹ/을
● ~아/어/해서, ~고 나서 ● ~지 않고, ~지 말고

분사를 사용한 표현

Telefon qilgan kishi kim? 전화하신 분이 누구세요?

Gitara chalayotgan yigitni taniyman.

기타 치고 있는 남자를 압니다.

Bugun darsga kelmagan talaba bu Sardor.

오늘 수업에 오지 않은 학생은 사르도르입니다.

Chorsu bozoriga boradigan avtobusga chiqishim

kerak. 처르수 시장에 갈 버스를 타야 합니다.

~아/어/해서, ~고 나서

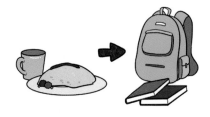

Ertaga universitetga borib u bilan ko'rishaman.

내일 대학교에 가서 그와 만날 거야.

Avval ovqatlanib keyin maktabga boraman.

(먼저) 식사를 하고 (그 다음에) 학교에 갑니다.

Uyga borib senga telefon qilaman.

집에 가서 너에게 전화할 거야.

단어	뜻	비고
Avval	먼저	= oldin 앞에, 첫(번)째의
Hayajonlanmoq	긴장되다	
Havotir olmoq	걱정하다	Havotir 걱정
Havotir olma.	걱정하지 마.	
Biroz	조금	
Ishlamoq	일하다, 작동하다	
Qo'shiq aytmoq	노래 부르다	Qo'shiq 노래
Boshlanmoq	시작되다	Boshlamoq 시작하다
Qo'lni yuvmoq	손을 씻다	Yuvmoq 씻다
Aylanmoq	구경하다, 산책하다	= ko'rmoq, sayr qilmoq 보다, 산책하다
Mebel	가구	
Qavat	층	
Korxona	공장	= zavod 공장 (러시아어로 부터 들어온 외래어)
Sochiq	수건	Qo'lni sochiqqa artmoq. 손을 수건으로 닦다.
Sovun	비누	Sovun bilan yuvmoq. 비누로 닦다.
Turist	관광객	= sayyoh 여행가
Vaziyat	상황	Vaziyat yaxshi/yomon. 상황이 좋다/나쁘다.
Ziyorat qilmoq	방문하다	
~inchi / ~nchi	~번째	Birinchi 첫 번째 O'ttiz oltinchi 서른 여섯 번째
Hammom	목욕탕	
Idish-tovoq	식기, 그릇	
Muzlatgich	냉장고	
Raqsga tushmoq	춤을 추다	Raqs 춤
Sport zal	헬스장	

회화 맛보기

민준이와 니고라가 방학 계획에 대해 대화를 합니다.
민준은 방학 동안 사마르칸트와 히바로 첫 여행을 떠나려고 합니다.

핵심단어

- ☐ Oxirgi 마지막

- ☐ Sayohat qilmoqchiman.

  여행을 가려고 해/합니다.

- ☐ Sotiladigan 팔리는

- ☐ Birinchi marta 처음으로

- ☐ Hayajonlanyapman. 긴장이 돼/됩니다.

- ☐ Hammasi 다. 모두

Ekanda는 한국어로 '~군(요)'과 유사하며 놀라움이나 감탄을 표현할 때 쓰입니다.
~r/ar ekan과 ekan보다 더 강한 감탄을 의미하고 보통 과거에 일어났거나 미래에 일어날 일에 대해 사용됩니다.

Endi senga ta'til ekanda! 이제 너 방학이군!

Kecha kelmagan ekanda! 어제 안 왔군요!

어휘 플러스

■ 교통수단 Transport vositalari

Poyezd (bileti)	기차 (표)	Joy	좌석
Vokzal	기차역	Taksi ushlamoq	택시를 잡다
Platforma	플랫폼, 승차장	Haydamoq	운전하다
Mashina	자동차	Haydovchi	운전기사
Avtobus (Bekati)	버스 (정류장)	Tramvay	전차
Taksi	택시	Yo'lovchi	승객
Kema	배	Chipta / Bilet	표
Metro (Bekati)	지하철 (역)	Yo'l kira / Yo'l haqqi	교통비
Samolyot	비행기	~ga chiqmoq	~을/를 타다
Uchuvchi	조종사	~dan tushmoq	~에서 내리다
Uchmoq	날다	Yo'nalish	~행(방향)
Qo'nmoq	착륙하다	Stansiya (= Bekati)	역

회화 익히기

반말로 말해요

회화

선생님의 한마디!

Oxiri 끝
→ **Oxirgi** 끝나는, 마지막

Nigora	Minjun, oxirgi imtihoning qachon?
Minjun	Oxirgi imtihonim kelasi hafta juma kuni.
Nigora	Tushunarli! Keyin ta'til ekanda!
	Ta'tilda nima qilmoqchisan?
Minjun	Ta'tilda sayohat qilmoqchiman.
Nigora	Zo'r-ku! Qayerga?
Minjun	Avval Samarqand *va* Buxoroni ko'rib, keyin Xivaga bormoqchiman. Aytdanday, Nigora, poyezd bileti sotiladigan joyni bilasanmi?
Nigora	Biletni vokzaldan sotib olsang bo'ladi.
Minjun	Tushunarli. Birinchi marta sayohat qilmoqchiman. Shuning uchun biroz hayajonlanyapman.
Nigora	Havotir olma, hammasi zo'r bo'ladi.

해석

니고라	민준아, 마지막 시험이 언제야?
민준	마지막 시험이 다음 주 금요일이야.
니고라	그렇구나! 그 후에 방학이군! 방학 때 뭐하려고 해?
민준	방학 때 여행을 가려고 해.
니고라	우아! 어디로?
민준	먼저 사마르칸트와 부하라를 구경하고 나서, 그다음에 히바에 가려고 해. 아 참, 니고라, 기차표 파는 곳을 알아?
니고라	기차역에서 살 수 있을 거야.
민준	그렇구나. 처음으로 혼자 여행을 가려고 해. 그래서 조금 긴장돼.
니고라	걱정하지 마, 다 좋을 거야.

유의어 / 대치어

Hayajon 긴장
Biroz = ozgina 조금

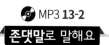

Nigora	Minjun, oxirgi imtihoningiz qachon?
Minjun	Oxirgi imtihonim kelasi hafta juma kuni.
Nigora	Tushunarli! Keyin ta'til ekanda!
	Ta'tilda nima qilmoqchisiz?
Minjun	Ta'tilda sayohat qilmoqchiman.
Nigora	Zo'r-ku! Qayerga?
Minjun	Avval Samarqand *va* Buxoroni ko'rib, keyin Xivaga
	bormoqchiman. Aytdanday, Nigora, poyezd bileti
	sotiladigan joyni bilasizmi?
Nigora	Biletni vokzaldan sotib olsangiz bo'ladi.
Minjun	Tushunarli. Birinchi marta sayohat qilmoqchiman.
	Shuning uchun biroz hayajonlanyapman.
Nigora	Havotir olmang, hammasi zo'r bo'ladi.

선생님의 한마디!

Tushunarli (이해가 됩니다)
대신에 Shunaqami? 또는
Shundaymi?(그래요?) 등이
쓰일 수 있습니다.

니고라	민준 씨, 마지막 시험이 언제예요?
민준	마지막 시험이 다음 주 금요일이예요.
니고라	그렇군요! 그 후에 방학이군요! 방학 때 뭐 하세요?
민준	방학 때 여행을 가려고 해요.
니고라	우아! 어디로요?
민준	먼저 사마르칸트와 부하라를 구경하고 나서, 그다음에 히바에 가려고 해요.
	아 참, 니고라 씨, 기차표 파는 곳을 아세요?
니고라	기차역에서 살 수 있으실 거예요.
민준	그렇군요. 처음으로 혼자 여행을 가려고 해요. 그래서 조금 긴장되요.
니고라	걱정하지 마세요, 다 좋을 거예요.

유의어 / 대치어

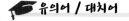

Vokzal
= **Stansiya** 기차역

Ⓐ 과거 분사 : ~ㄴ/은

형용사의 역할을 하며 과거에 일어나서 완료된 일에 대해 쓰인다.

- 긍정형: 동사어간 + gan

  Kecha yegan ovqatim juda mazali ekan. 어제 먹은 음식이 아주 맛있었어.

  Yangi kelgan talaba mening do'stim. 새로 온 대학생은 나의 친구야.

- 부정형: 동사어간 + ma + gan

  Kecha darsga kelmagan o'quvchi mening do'stim. 어제 수업에 오지 않은 학생이 나의 친구야.

  Ishlamagan kunimda dam oldim. 일하지 않은 날에는 쉬었습니다.

Ⓑ 현재 분사 : ~고 있는

형용사의 역할을 하며 현재 진행 중인 일에 대해 쓰인다.

- 긍정형: 동사어간 + (모음) yotgan / (자음) ayotgan

  Anavi ketayotgan qiz mening dugonam. 저기 가고 있는 여자가 나의 (여성인) 친구야.

  Gitara chalayotgan kishining ismi nima? 기타 치고 있는 사람의 이름이 무엇입니까?

- 부정형: 동사어간 + ma + yotgan

  Foydalanmayotan kompyuterni o'chirib qo'ying. 사용하고 있지 않은 컴퓨터를 꺼 놓으세요.

  Qo'shiq aytmayotgan qizni taniysizmi? 노래를 안 부르고 있는 여자를 아십니까?

Ⓒ 미래 분사 : ~ㄹ/을

형용사의 역할을 하며 미래에 일어날 일에 대해 쓰인다.

- 긍정형: 동사어간 + (모음) ydigan / (자음) adigan

  Samarqandga boradigan avtobusga chiqishim kerak. 사마르칸트에 갈 버스를 타야 합니다.

  O'qiydigan kitobingni sotib ol. 읽을 책을 사.

● 부정형: 동사어간 + ma + ydigan

Samarqandga bormaydigan avtobusga chiqmang. 사마르칸트에 가지 않는 버스를 타지 마세요.
Foydalanmaydigan kompyuteringni o'chirib qo'y. 이용하지 않는 컴퓨터는 꺼 놔.

Ⓓ ~아/어/해서, ~고 나서

va(그리고) 접속사로 연결되는 문장이 드물고 (i)b이 자주 쓰인다.

> ### 동사어간 + (i)b

Anvar soat to'qqizda universitetga borib, soat o'n ikkida uyga qaytadi.
안바르는 9시에 대학교에 가서 12시에 집에 돌아옵니다.

Kitobni o'qib, Sardorga telefon qildim.
책을 읽고 나서 사르도르에게 전화했습니다.

O'zbek tilini o'rganib, O'zbekistonga bormoqchiman.
우즈베크어를 배워서 우즈베키스탄에 가려고 해.

Juma kuni universitetdan qaytib kelib konsertga boramiz.
(우리는) 금요일에 대학교에서 돌아와서 콘서트에 갑니다.

Ⓔ ~지 않고, ~지 말고

어떤 일을 하는 것 대신에 다른 일을 할 때 또는 어떤 일을 다른 일보다 먼저 할 때 쓰인다.

> ### 동사어간 + may

Bugun kutubxonaga bormay ertaga bormoqchiman.
오늘 도서관에 가지 않고 내일 도서관에 가려고 합니다.

Televizor ko'rmay darsingni qil. 텔레비전을 보지 말고 숙제를 해.
Kecha kitob o'qimay musiqa tingladim. 어제는 책을 읽지 않고 음악을 들었습니다.
U darsga bormay kutubxonaga bordi. 그는 수업에 가지 않고 도서관에 갔습니다.

1. 다음 〈보기〉에서 알맞은 단어로 빈칸을 채워 문장을 완성해 보세요.

| 보기 | Sotib olmoq   Bilmoq   O'qimoq   Gapirmoq   O'ynamoq

(1) Futbol _____ yigitni taniyman. U mening do'stim.

(2) Kecha _____ kitobimni bugun yo'qotib qo'ydim.

(3) Koreys tilini _____ talabalarni taniysizmi?

(4) Telefonda _____ yigit sizning akangizmi?

(5) Universitetda _____ do'stingiz bormi?

2. 다음 제시어를 〈보기〉와 같이 알맞게 배열하여 문장을 완성해 보세요.

| 보기 | Men / o'zbek taomlari / tayyorlamoq / sizni kutmoq

▶ Men o'zbek milliy taomlarini tayyorlab, sizni kutaman.

(1) O'zbekcha kitob / o'qimoq / yangi so'zlar / o'rganmoq

▶ _____

(2) U / koreys tili / o'rganmoq / tarjimon bo'lib ishlamoq

▶ _____

(3) Dars / soat ikkida / boshlanmoq / soat oltida / tugamoq

▶ _____

(4) U / uy / kelmoq / tushlik qilmoq

▶ _____

3. 다음 문장을 우즈베크어로 적어 보세요.

(1) 콘서트에 가지 말고 박물관에 가세요.

▶ _____

(2) 그는 아침식사를 하지 않고 학교에 갔습니다.

▶ _____

(3) 혼자 가지 말고 나랑 같이 가.

▶ _____

(4) 손을 씻지 않고 음식을 먹으면 안 됩니다.

▶ _____

4. 녹음을 듣고 빈칸을 채워 보세요.

MP3 **13-3**

Minjun   Ana u (1) _____ avtobus qayerda boradi?

Sardor   U avtobus Chorsu bozoriga (2) _____ avtobus.

Minjun   Tushunarli. (3) _____ _____ qayerda?

Sardor   Mehmonxona (4) _____ _____ .

Minjun   Bu yerdan uzoq (5) _____ !

Sardor   Ha, shunday.

어깨너머 우즈베키스탄

· 사마르칸트, 부하라, 히바 ·

● 사마르칸트 Samarqand

티무르 제국의 수도인 '사마르칸트Samarqand'는 우즈베키스탄에서 두 번째로 큰 도시이며 현재 사마르칸트 주의 중심도시입니다. 소그드어로 '돌 요새' 또는 '바위 도시'라는 의미로 이곳이 유명한 이유는 서역과 중국의 실크로드 중간에 위치한 지리학적 위치와 이슬람 연구의 중심이 되는 곳이기 때문입니다. 14세기에 티무르 제국의 수도였으며 구르아미르의 유적지로 중앙아시아 최대 사원인 아름다운 비비하눔 사원이 있습니다. 2001년, 유네스코는 세계 유산 목록에 사마르칸트를 〈사마르칸트–문화의 교차로Samarkand–Crossroads of Cultures〉로 추가했습니다.

● 부하라 Buxoro

이슬람 문화 발달에 크게 기여한 '부하라Buxoro'는 20세기 초반까지 '부하라 에미리트Buxoro amirligi'의 수도였고 정치·문화의 중심지였습니다. 특히 이 도시에서 태어난 이슬람교를 믿는 무슬림들에게 널리 알려진 '이맘 알 부하리' 덕분에 더 널리 알려졌습니다. 1993년에는 구시가지가 유네스코의 세계 유산으로 등록되었고 현재 부하라 주의 수도입니다.

● 히바 Xiva

유네스코에서 '하늘 밑의 박물관'이라 불리는 '히바Xiva'는 1991년 처음으로 세계유산에 등록된 도시입니다. 완전히 보존된 하나밖에 없는 실크로드의 고대 도시로 사마르칸트의 다양한 건축 양식(10~20세기까지)을 포함하여 레기스탄과 부하라처럼 역사 기념물이 현재까지 보존되어 있습니다.

To'yga albatta kelgin, xo'pmi?

결혼식에 꼭 오도록 해, 알았지?

학습 포인트

우즈베키스탄의 결혼 문화에 대해 알아보고 결혼식에 관한 표현들을 배우겠습니다.

주요 문법

● ~았/었/했으면 좋겠다 ● ~도록 하다

~았/었/했으면 좋겠다

Men bugun uyga ertaroq ketsam yaxshi bo'lar edi. 나는 오늘 집에 일찍 갔으면 좋겠어.

Menga kitobingni berib tursang yaxshi bo'lar edi. 나에게 책을 빌려주었으면 좋겠어.

Ertaga yomg'ir yog'masa yaxshi bo'lar edi.
내일 비가 안 왔으면 좋겠어.

~도록 하다

Tug'ilgan kunimga albatta kelgin. 생일 파티에 꼭 오도록 해.

Menga telefon qilib turgin. 나랑 연락하고 지내도록 해.

Ertaga kechikmagin. 내일 늦지 않도록 해.

단어	뜻	비고
Tug'ilgan kun	생일, 생일 파티	
Taklif qilmoq	초대하다	Taklif(초대) + noma(편지) = Taklifnoma 초대장(옛말)
Hali	아직	Hali ham 아직도
Ta'tilga chiqmoq	휴가에 나가다	
Tadbir	행사	Marosim 전통적인 행사
Rostanmi?	진짜?, 정말로?	Shundaymi? 그렇지? Shunaqami? 그래?
Baxt	행복	Baxtli bo'lmoq. 행복하다.
Omad	행운	Omad tilayman. 행운을 빈다.
Uylanmoq	결혼하다	남자만 쓸 수 있다.
Turmushga chiqmoq	시집가다	여자만 쓸 수 있다.
Unashtirilmoq	약혼하다	남녀 모두 쓸 수 있다. Unashtirilgan 약혼한 ↔ Ajrashgan 이혼한
Tilamoq	기원하다, 빌다	
Tabriklamoq	축하하다	
Uzuk	반지	Uzuk taqmoq. 반지를 끼다.
Yashamoq	살다	
Qarimoq	늙어가다	
Yoshlik	젊음	Yoshligimda 젊었을 때
Asal oyi	신혼여행	Asal oyini o'tkazmoq. 신혼여행을 보내다.
Sport bilan shug'illanmoq	운동하다	
Uylanmagan	결혼하지 않은 (남자)	↔ Turmushga chiqmagan 결혼하지 않은 (여자)
Uylangan	결혼한 (남자)	↔ Turmushga chiqqan 결혼한 (여자)
Qalliq	약혼자	= fiancé
Beva	과부	

회화 맛보기

다음 주는 사르도르 형의 결혼식입니다. 사르도르는 우즈베키스탄의
결혼식에 참석해 본 적이 없는 민준을 위해 결혼식에 초대하려고 합니다.

핵심단어

□ Nima qilasan? 뭐해?

□ Hech nima 아무것도

□ Nega? 왜?

□ Mana 여기

□ Xoʻpmi? 알았지?

□ Xoʻp. 알았어.

□ Albatta 꼭

■ 동사어간 + (모음)r/(자음)ar edi + 제3형 인칭어미 : ~곤 했다

U har kuni darsdan keyin bogʻda sayr qilar edi.

그는 매일 수업 후에 공원에서 산책하곤 했다.

Men uxlashdan oldin kitob oʻqir edim. 나는 자기 전에 책을 읽곤 했다.

Har hafta gitara darsiga borar edim. 매주 기타 수업에 가곤 했다.

U har yili taʼtilda Turkiyaga borar edi. 그는 매년 휴가 때 터키에 가곤 했다.

■ 결혼 관련 단어

Unashtirish	약혼	Kelinlik libosi	웨딩드레스
Uylanish	결혼 (남자)	Taklifnoma	청첩장
Turmushga chiqish	결혼 (여자)	Nikoh uzugi	결혼반지
Nikoh / Toʻy	결혼 / 결혼식	Toʻyona	결혼 선물
Kuyov	신랑	Kelin salom	신부 인사
Kelin	신부	Yor-yor	신부 인사 노래

■ 축하 및 기원 인사 표현

Baxtli boʻling(lar).	행복하세요.
Tabriklayman.	축하합니다.
Baxt va omad tilayman.	행복과 행운을 바랍니다.
Uvali juvali boʻlinglar.	풍성한 삶을 사시길 바랍니다.
Qoʻsha qaringlar.	평생 같이 사십시오.

회화 익히기

회화 ▶

Sardor	Salom Minjun!
	Oʻn beshinchi iyun shanba kuni nima qilasan?
Minjun	Hech nima. Nega?
Sardor	Shu kuni akamning toʻyi boʻlyapti.
	Sen ham kelsang yaxshi boʻlar edi.
	Oʻzbeklarning toʻyida hali boʻlmagansan, shundaymi?
Minjun	Ha, hali Oʻzbeklarning toʻyida boʻlmaganman.
Sardor	Unda mana taklifnoma. Toʻyga albatta kelgin. Xoʻpmi?
Minjun	Xoʻp. Katta rahmat! Albatta boraman.
Sardor	Yaxshi. Unda toʻy kuni koʻrishamiz!
Minjun	Koʻrishguncha!

해석 ▶

사르도르	안녕 민준아! 6월 15일 토요일에 뭐해?
민준	아무것도(안 해). 왜?
사르도르	그날에 우리 형의 결혼식이거든. 너도 왔으면 좋겠어.
	아직 우즈베크인들의 결혼식에 가(있어) 본 적이 없잖아. 그렇지?
민준	응. 아직 우즈베크 결혼식에 가 본 적이 없어.
사르도르	그럼 여기 청첩장이야. 결혼식에 꼭 오도록 해. 알겠지?
민준	알겠어. 정말 고마워! 꼭 갈 거야.
사르도르	좋아. 결혼식 날에 보자!
민준	다음에 봐!

🎓 **유의어 / 대치어**

Hech nima = hech narsa
아무것도

~da boʻlmoq ~에 가 보다

Sardor	Salom Minjun!
	O'n beshinchi iyun shanba kuni nima qilasiz?
Minjun	Hech nima. Nega?
Sardor	Shu kuni akamning to'yi bo'lyapti.
	Siz ham kelsangiz yaxshi bo'lar edi.
	O'zbeklarning to'yida hali bo'lmagansiz, shundaymi?
Minjun	Ha, hali O'zbeklarning to'yida bo'lmaganman.
Sardor	Unda mana taklifnoma. To'yga albatta keling. Xo'pmi?
Minjun	Xo'p. Katta rahmat! Albatta boraman.
Sardor	Yaxshi. Unda to'y kuni ko'rishamiz!
Minjun	Ko'rishguncha!

선생님의 한마디!

[행사, 예식 등] + bo'lmoq
어떤 행사나 예식이 개최되다,
일어나다, 열리다

Tadbir bo'ladi.
행사가 열립니다.

사르도르	안녕 민준 씨! 6월 15일 토요일에 뭐 하세요?
민준	아무것도요(안 해요). 왜요?
사르도르	그날에 우리 형의 결혼식이거든요. 당신도 오셨으면 좋겠어요.
	아직 우즈베크인들의 결혼식에 가(있어) 본 적이 없잖아요, 그렇죠?
민준	네, 아직 우즈베크 결혼식에 가 본 적이 없어요.
사르도르	그럼 여기 청첩장이에요. 결혼식에 꼭 오세요. 알겠죠?
민준	알겠어요. 대단히 감사합니다! 꼭 갈 거예요.
사르도르	좋아요. 그럼 결혼식 날에 봅시다!
민준	다음에 봐요!

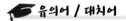

유의어 / 대치어

Nega?
= nima uchun? 왜?

Shundaymi?
= Shunaqami? 그렇죠?

Ⓐ ~았/었/했으면 좋겠다

동사어간 뒤에 조건형 어미 ~sa (~면)을 붙여서 만든다. 인칭어미는 제3형을 사용한다.

● 긍정형: 동사어간 + sa + 제3형 인칭어미 + yaxshi bo'lar edi.

[조건법 복습]

인칭	단수	복수
1 인칭	Bor + sa + m	Bor + sa + k
2 인칭	Bor + sa + ng	Bor + sa + ngiz
3 인칭	Bor + sa	Bor + sa + (lar)

Men ham borsam yaxshi bo'lar edi. 나도 갔으면 좋겠어.

Kitobingni berib tursang yaxshi bo'lar edi. 책을 빌려 주었으면 좋겠어.

Dars tezroq tugasa yaxshi bo'lar edi. 수업이 빨리 끝났으면 좋겠어.

Ta'tilga chiqsak yaxshi bo'lar edi. 휴가에 나가면 좋겠어.

● 부정형: 동사어간 + ma + sa + 제3형 인칭어미 + yaxshi bo'lar edi.

[조건법 복습]

인칭	단수	복수
1 인칭	Bor + ma + sa + m	Bor + ma + sa + k
2 인칭	Bor + ma + sa + ng	Bor + ma +sa + ngiz
3 인칭	Bor + ma + sa	Bor + ma + sa + (lar)

Men ham borsam yaxshi bo'lar edi. 나도 갔으면 좋겠어.

Darsga kech qolmasak yaxshi bo'lar edi. 수업에 늦지 않았으면 좋겠어.

Ta'til tugamasa yaxshi bo'lar edi. 휴가가 끝나지 않았으면 좋겠어.

U bu yerga kelmasa yaxshi bo'lar edi. 그는 여기에 오지 않았으면 좋겠어.

B ~도록 하다

동사의 명령법과 비슷하며 친한 사이에 또는 조언의 뜻으로 자주 쓰인다. 2인칭 단수형으로만 사용할 수 있으며 높임말은 존재하지 않는다. 2인칭 복수형 또는 높임말 형태로 현대 우즈베크어로 더는 쓰이지 않는다. 높임말로 명령법 존칭형을 쓸 수 있다.

● 긍정형: 동사어간 + gin

o'tirmoq 앉다	aytmoq 얘기하다	to'xtamoq 멈추다

Sen 너 (2인칭 단수)	
O'tirgin	앉도록 해
Aytgin	얘기하도록 해
To'xtagin	멈추도록 해

Bu dorini bir kunda 3 mahal ichgin. 이 약을 하루에 3번 먹도록 해.
Ozish uchun kamroq ovqat yegin. 살을 빼기 위해 음식을 덜 먹도록 해.
Ertaga albatta tadbirga kelgin. 내일 꼭 행사에 오도록 해.
Ovqatlanishdan oldin qo'lingni yuvgin. 식사하기 전에 손을 씻도록 해.

● 부정형: 동사어간 + ma + gin

Sen 너 (2인칭 단수)	
O'tirmagin	앉지 말도록 해
Aytmagin	얘기하지 말도록 해
To'xtamagin	멈추지 말도록 해

Bu dorini ko'p ichmagin. 이 약을 많이 먹지 말도록 해.
Ozish uchun ko'p ovqat yemagin. 살을 빼기 위해 음식을 많이 먹지 말도록 해.
Tadbirga kechikmagin. 행사에 늦지 말도록 해.
Kitobga yozmagin. 책에 쓰지 말도록 해.

1. 다음 〈보기〉와 같이 「~았/었/했으면 좋겠다」의 표현으로 제시어를 사용해 질문에 맞게 답해 보세요.

| 보기 | A: U darsga keladimi?

B: Dars / kelmoq   ▶ Darsga kelsa yaxshi bo'lar edi.   [긍정형]

(1) A: Bugun bank ishlaydimi?

B: Bank / ishlamoq   ▶ _____   [긍정형]

(2) A: U kitobni berib turadimi?

B: Kitob / berib turmoq   ▶ _____   [긍정형]

(3) A: Biz ham tadbirga boramizmi?

B: Biz / bormoq   ▶ _____   [부정형]

(4) A: Bugun qor yog'adimi?

B: Qor / yog'moq   ▶ _____   [부정형]

2. 다음 문장을 우즈베크어로 적어 보세요.

(1) 그는 아침에 일찍 일어나곤 했다.

▶ _____

(2) 나는 살을 빼기 위해 매일 운동하곤 했다.

▶ _____

(3) 우리는 매주 한국 식당에 가곤 했다.

▶ _____

(4) 나는 학교 행사에서 노래를 부르곤 했다.

▶ _____

3. 다음 제시어를 〈보기〉와 같이 알맞게 배열하여 문장을 완성해 보세요.

| 보기 | Suv / ko'proq / ichmoq

     ▶ Suv ko'proq ichgin.   [긍정형]

(1) Bugun / uy / ertaroq / kelmoq

▶ _____ [긍정형]

(2) Bu yer / sigaret / chekmoq

▶ _____ [부정형]

(3) Uyga bormoq / menga / telefon qilmoq

▶ _____ [긍정형]

(4) Bu yer / yolg'iz / sayr qilmoq

▶ _____ [부정형]

4. 녹음을 듣고 빈칸을 채워 문장을 완성해 보세요.   💿 MP3 **14-3**

Nigora   Kelasi hafta mening tug'ilgan kunim.

         Sen ham (1) _____ _____ _____ _____.

Minjun   (2) _____ Nigora! Kelasi hafta qaysi kuni?

Nigora   Rahmat! Kelasi hafta yakshanba kuni soat 6 ga (3) _____.

Minjun   Yaxshi. Albatta boraman.

Nigora   Unda (4) _____ _____ _____.

어깨너머 우즈베키스탄 /

• 우즈베키스탄의 결혼 문화 •

우즈베키스탄에서 결혼식은 매우 큰 예식입니다. 우즈베크어로 '켈린Kelin'은 신부, '살럼salom'은 인사라는 뜻으로 '신부 인사Kelin salom'라는 풍습이 있습니다.

신부는 화려한 천으로 만든 스카프를 머리에 쓰고 얼굴을 가립니다. 하객들이 행복한 결혼 생활을 기원하는 축하 인사를 건네며 선물을 주고 신부는 말없이 허리를 굽혀 감사의 인사를 드리는 풍습입니다. 결혼식장에서 웨딩드레스를 입고 면사포를 쓴 채로 하기도 하고 신랑 집에서 전통 신부 의상을 입고 하기도 합니다. 전통의상을 입었을 때는 여성 '도프do'ppi'를 쓴 후 화려한 천으로 얼굴을 가리거나 천을 두 손으로 잡고 인사를 합니다. 지역에 따라 신부가 천 조각을 입에 물고 있기도 합니다. 신부가 인사를 드리는 동안 옆에서 악사가 '도이라doira'라고 부르는 북을 치고 노래를 부르면서 흥을 돋굽니다. 이때 부르는 노래를 '여르여르'라고 하고 "Salom, salom kelin salom, Sizga salom yor yor~"이라는 가사의 노래를 부르는데 "신부가 이렇게 인사를 드리니 예쁘게 받아 주세요~"라는 의미입니다.

결혼식 이후에도 신부의 인사는 계속됩니다. 우즈베키스탄에서는 특별한 사정이 없는 이상 신랑의 집에서 신접살림을 시작합니다. 새신부는 아침 일찍 일어나서 예쁜 옷을 입고 몸단장을 한 다음에 천으로 얼굴을 가리고 신랑 측 식구들 모두에게 인사를 드립니다. 인사를 받는 사람들은 신부에게 답례로 덕담해 주며, 신부는 3일간 모든 손님에게 인사를 드려야 합니다.

우즈베키스탄의 신부 인사

Kompyuterimni tuzattirib kech qoldim.

컴퓨터를 수리하느라 늦었어.

학습 포인트

우즈베크어에는 한국어에서는 잘 쓰지 않는 피동형 용법이 있습니다.
사동형과 피동형 표현을 배워 보겠습니다.

주요 문법

● 사동사 ● 피동사

사동사를 사용한 표현

Bugun kompyuterimni tuzattirdim.

오늘 컴퓨터를 수리하게 했습니다.

Xatni do'stimga yozdirdim. 편지를 친구한테 쓰게 했습니다.

Tushlikni akamga oldirdim. 점심을 형한테 사게 했습니다.

피동사를 사용한 표현

Uzoqdan qushlar ko'rinyapti. 멀리에서 새들이 보이고 있다.

Menga bugun ko'p vazifa berildi.

나한테 오늘 많은 업무가 주어졌다.

Shamol tufayli deraza ochildi. 바람 때문에 창문이 열렸다.

단어	뜻	비고
Tuzatmoq	고치다, 수리하다	
Buzilmoq	고장 나다	Buzilib qolmoq. (복합동사) 고장이 나 버리다.
Ma'lumot	정보	
O'chirmoq	지우다	O'chib ketmoq. (복합동사) 지워지다.
Xayriyat	다행이다	
Chiroq	램프, 전기	Chiroq o'chmoq. 정전되다.
Cho'milmoq	목욕하다, 수영하다	
Qariya	노인	
Yo'ldan o'tmoq	길을 건너다	
Majburlab	억지로, 강제로	Majburlamoq. 강제하다.
Kamalak	무지개	Kamalak chiqmoq. 무지개가 나타나다.
Sovg'a	선물	
Ustiga-ustak	게다가	
Tozalamoq	청소하다, 씻다	
Hujjat	서류	= dokument 문서
Yiqilmoq	넘어지다, 쓰러지다	= Yiqilib tushmoq. (복합동사) 넘어지다.
Vazifa	업무	= ish 일
Qush	새	Qushlar uchib ketmoqda. 새들이 날아가고 있다.

회화 맛보기

민준이와 니고라가 오늘 공원에서 만나기로 했습니다.
컴퓨터를 수리하느라 약속 시간에 늦은 민준은 니고라에게 늦은 이유를 설명합니다.

핵심단어

- ☐ Uzur. 미안해.
- ☐ Kuttirib qo'ydim. 기다리게 했어.
- ☐ Nima bo'ldi? 무슨 일이야?
- ☐ Rostdanmi? 진짜?
- ☐ Ma'lumotlar 정보(들)
- ☐ O'chib ketmoq 지워지다
- ☐ Yaxshiyamki 다행히

■ 동사어간 + (모음)yotgan/(자음)ayotgan + 제3형 인칭어미 + da : ~ㄹ/을 때
보통 서술어가 복합동사 ~ib qoldi로 끝난다.

Kecha kitob oʻqiyotganimda chiroq oʻchib qoldi. 어제 책 읽고 있었을 때 정전이 됐다.

Uyga ketayotganimda Minjunni koʻrib qoldim. 집에 가고 있었을 때 민준을 봤다.

Dush qabul qilayotganimda doʻstim telefon qilib qoldi.
샤워하고 있었을 때 친구에게 전화가 왔다.

어휘 플러스

■ 여러 가지 부사

To'satdan	갑자기	Shartsiz	무조건
Shu sababli	따라서	Ochig'i	솔직히
Shuningdek	또한	Allaqachon	이미
Yoki	또는	Hamda, va	그리고
Nihoyat	마침내	Shuning uchun	그래서

회화 익히기

반말로 말해요

회화 ▶

Minjun	Nigora uzur seni kuttirib qo'ydim.
Nigora	Nima bo'ldi? Nega kech qolding?
Minjun	Kompyuterimda yozayotganimda kompyuterim buzilib qoldi.
Nigora	Rostdanmi?
Minjun	Ha, shuning uchun kompyuterimni tuzattirib kech qoldim.
Nigora	Kompyuteringdagi ma'lumotlar o'chib ketmadimi?
Minjun	Yo'q, yaxshiyamki o'chib ketmadi.
Nigora	Xayriyat.

선생님의 한마디!

Shuning 이것(의) + uchun
때문에
= Shuning uchun 그래서

해석 ▶

민준	니고라 기다리게 해서 미안해.
니고라	무슨 일이야? 왜 늦었어?
민준	컴퓨터로 타이핑하고 있을 때 컴퓨터가 고장 났어.
니고라	진짜?
민준	응, 그래서 컴퓨터를 수리하느라 늦었어.
나고라	컴퓨터 안에 있는 정보가 지워지지 않았어?
민준	아니야, 다행히 안 지워졌어.
니고라	다행이네.

유의어 / 대치어

Buzulib qolmoq
= ishdan chiqmoq
고장 나다

Rostdanmi? = Rostan?
= Rostdan-a?
진짜로?

존댓말로 말해요

Minjun	Nigora uzur sizni kuttirib qo'ydim.
Nigora	Nima bo'ldi? Nega kech qoldingiz?
Minjun	Kompyuterimda yozayotganimda kompyuterim buzilib qoldi.
Nigora	Rostdanmi?
Minjun	Ha, shuning uchun kompyuterimni tuzattirib kech qoldim.
Nigora	Kompyuteringizdagi ma'lumotlar o'chib ketmadimi?
Minjun	Yo'q, yaxshiyamki o'chib ketmadi.
Nigora	Xayriyat.

선생님의 한마디!

① 동사어간 + ib + 동사
　복합동사
② 동사어간 + ib ～느라

Kasalxonaga borib maktabga bora olmadim.
병원에 가느라 학교에 가지 못했습니다.

민준	니고라 씨 기다리게 해서 미안해요.
니고라	무슨 일이에요? 왜 늦으셨어요?
민준	컴퓨터로 타이핑하고 있을 때 컴퓨터가 고장 났어요.
니고라	진짜요?
민준	네, 그래서 컴퓨터를 수리하느라 늦었어요.
나고라	컴퓨터 안에 있는 정보가 지워지지 않았어요?
민준	아니요, 다행히 안 지워졌어요.
니고라	다행이네요.

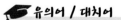

유의어 / 대치어

Uzur. = Kechirasiz.
미안해요. 죄송합니다.

Yaxshiyamki
= xayriyat 다행히

A 사동사

사동사는 문장의 주체가 자기 스스로를 향하지 않고 남에게 그 행동이나 동작을 하게 함을 나타내는 동사이다.

> 동사어간 + ~dir / ~tir / ~gaz / ~kaz / ~giz / ~t / ~iz / ~ir / ~ar / ~sat

Ovqatni yedirmoq. 음식을 먹이다.

Xat yozdirmoq. 편지를 쓰게 하다.

Bolani choʻmiltirmoq. 아이를 목욕시키다.

Koʻylakni koʻrsatmoq. 옷을 보여 주다.

Ichmoq 마시다 → **Ichirmoq** 마시게 하다

U doʻstiga choy ichirdi. 그는 친구에게 차를 마시게 했다.

Ovqatdan keyin bolaga dori ichiring. 식후에 아이한테 약을 먹이세요. (마시게 하세요.)

Oʻtmoq 지나가다 → **Oʻtkazmoq** 지나가게 하다

Qariyalarni yoʻldan oʻtkazib qoʻyish kerak. 노인들을 길을 건너게 해 드려야 한다.

Futbolni oʻtkazib yuboribman. 축구(경기)를 놓쳐 버렸다.

Yemoq 먹다 → **Yedirmoq** 먹이다

U bolaga ovqatni yedirdi. 그는 아이에게 음식을 먹였다.

Ovqatni majburlab yedirmang. 음식을 억지로 먹이지 마세요.

Oʻqimoq 읽다 → **Oʻqitmoq** 가르치다, 읽게 하다

Men maktabda bolalarni oʻqitaman. 나는 학교에서 아이들을 가르친다.

U kitobni oʻqitdi. 그는 책을 읽게 했다.

Kirmoq 들어가다 → **Kirgizmoq** 들어가게 하다, 들어오게 하다

Bu yerga hech kimni kirgizma. 여기에 아무도 들어가지 않게 해.

Men uni uyga kirgizdim. 나는 그를 집에 들어오게 했다.

Koʻrmoq 보다 → **Koʻrsatmoq** 보여주다

U menga yangi mashinasini koʻrsatdi. 그는 나한테 (자기) 새로운 차를 보여 줬다.

Mana bu futbolkani koʻrsating. 이 티셔츠를 보여 주세요.

B 피동사

피동사는 남의 행동으로 인해 행하여지는 동작을 나타내는 동사이다.

$$\boxed{\text{동사어간} + \sim\text{(i)n / (i)l}}$$

Tog' ko'rinmoq. 산이 보이다.　　　　　Vaqt berilmoq. 시간이 주어지다.

Eshik ochilmoq. 문이 열리다.　　　　　Kompyuter buzilmoq. 컴퓨터가 고장 나다.

Ko'rmoq 보다 → **Ko'rinmoq** 보이다

Uzoqdan kamalak ko'rindi. 멀리에서 무지개가 보였다.

Menga bu yerdan ko'rinmayapti. 나한테는 여기에서 안 보인다.

Boshlamoq 시작하다 → **Boshlanmoq** 시작되다

Kino soat 6 da boshlanadi. 영화는 6시에 시작된다.

Dars allaqachon boshlandi. 수업이 이미 시작되었다.

Bermoq 주다 → **Berilmoq** 주어지다

Bizga juda kam vaqt berilgan. 우리한테 아주 짧은 시간이 주어졌다.

Bolalarga sovg'alar berildi. 아이들한테 선물이 주어졌다. (아이들이 선물을 받았다.)

Ochmoq 열다 → **Ochilmoq** 열리다

To'satdan deraza ochildi. 갑자기 창문이 열렸다.

Uyim yonida yangi do'kon ochildi. 집 옆에 새로운 가게가 열렸다.

1. 다음 제시어를 〈보기〉와 같이 알맞게 배열하여 사동사형 표현으로 문장을 완성해 보세요.

> | 보기 | Men / soch / kesmoq.
>
>   ▶ Men sochimni kestirdim.   (나는 머리를 자르게 했다.)

(1) U / men / yangi mashina / ko'rmoq

   ▶ _____   (그는 나한테 새로운 자동차를 보여 줬다.)

(2) Men / uka / ovqat / yemoq

   ▶ _____   (나는 남동생에게 밥을 먹였다.)

(3) Biz / ular / uy / kirmoq

   ▶ _____   (우리는 그들을 집에 들어오게 했다.)

(4) U / men / suv / ichmoq

   ▶ _____   (그는 나에게 물을 먹였다.)

2. 다음 제시어를 〈보기〉와 같이 알맞게 배열하여 피동사형 표현으로 문장을 완성해 보세요.

> | 보기 | Biz / vaqt / ko'p / bermoq
>
>   ▶ Bizga vaqt ko'p berildi.   (우리에게 시간이 많이 주어졌다.)

(1) Men / imtihon / soat 8 / boshlamoq

   ▶ _____   (나의 시험이 8시에 시작한다.)

(2) Ko'p / kiyim / sotib olmoq

   ▶ _____   (많은 옷을 샀다.)

(3) Eshik / to'satdan / ochmoq

   ▶ _____   (문이 갑자기 열렸다.)

(4) Ko'p / mehmonlar / taklif qilmoq

   ▶ _____   (많은 손님들이 초대 받았다.)

3. 다음 문장을 우즈베크어로 적어 보세요.

   (1) 그는 민준에게 우즈베크어를 가르쳤다.

   ▶ _____

   (2) 그는 여동생한테 저녁을 먹였다.

   ▶ _____

   (3) 멀리에서 친구가 보였다.

   ▶ _____

   (4) 오늘 수업이 일찍이 시작되었다.

   ▶ _____

4. 녹음을 듣고 빈칸을 채워 보세요.   🎧 MP3 15-3

   Sardor   Minjun qayerga (1)_____?

   Minjun   Kasalxonaga (2)_____.

              Ko'zimni (3)_____.

   Sardor   Nima bo'ldi?

   Minjun   Uzoq yaxshi (4)_____.

   Sardor   Uyim yonida yangi kasalxona (5)_____.

              U yerga seni olib boraymi?

   Minjun   Yaxshi bo'lar edi.

· 우즈베키스탄의 전통 스포츠 쿠라쉬 ·

한국의 씨름과 같이 우즈베키스탄에도 전통 스포츠인 쿠라쉬Kurash가 있습니다. 쿠라쉬는 국기로서 우즈베크어로 정당한 방법으로 목표에 도달한다는 뜻입니다. 이는 터키의 야글리구레스와 타타르 코라스와 관련된 터키 레슬링입니다. 아시안 게임 종목이며 올림픽경기 종목채택을 목표로 하고 있으며 입식 자세만 허용하여 바닥 기술 없이 메치기와 레그스윕만 할 수 있는 것이 특징입니다. 암록과 목조르기, 발차기와 함께 벨트 아래를 잡는 기술은 엄격히 금지합니다. 이런 특징 때문에 크라쉬는 단순하고 재미있으며 역동적이고 안전한 스포츠라 할 수 있습니다.

상의를 붙잡고 싸우는 고대 격투술로 수천 년의 역사를 가지며 최근 연구조사로는 적어도 3500년 정도 된 것으로 밝혀지고 있습니다. 코밀 유스포브가 규칙을 만들면서 지금의 우즈베크 국민의 국가 스포츠가 되었고 주요 국경일, 결혼식, 축제 등에서 대중오락 프로그램으로 자리 잡고 있습니다. 오늘날 국제크라쉬연맹(IKA)은 우즈베크 대통령 배 국제 크라쉬 토너먼트를 비롯하여 매년 200개 가량의 국제 및 대륙, 지역 차원의 다양한 규모의 행사를 개최하고 있습니다.

쿠라쉬 Kurash

부록

01-Dars

1. (1) Sen koreyaliksan.
   (2) U xitoylik.
   (3) Siz amerikalisiz.
   (4) Siz toshkentliksiz.

2. (1) U kim?
   (2) U yer qayer?
   (3) Olma necha kg?
   (4) Bu nima?

3. (1) 안녕하세요.
   (2) 제 이름은 서연입니다.
   (3) 저는 한국사람입니다.
   (4) 저는 대학생입니다.

4. [MP3 01-3]
   (1) Sening isming nima? 너의 이름이 뭐니?
   (2) Biz talabalarmiz. 우리는 대학생입니다.
   (3) Men Minjunman. 저는 민준입니다.
   (4) Bu yerda talabaman. Siz-chi?
       저는 여기에서 대학생입니다. 당신은요?
   (5) O'zbek tili juda qiziq. 우즈베크어가 재미있습니다.

02-Dars

1. (1) U kitob uniki.
   (2) Bu velosiped meniki.
   (3) Mening ismim Anvar. Seniki-chi?
   (4) Dars qiyin bo'ldi. Seniki-chi?
   (5) Bizniki oson bo'ldi.

2. (1) Men keldim, Biz keldik, Sen kelding,
       Siz keldingiz, U keldi, Ular keldilar
   (2) Men bordim, Biz bordik, Sen bording,
       Siz bordingiz, U bordi, Ular bordilar
   (3) Men ko'rdim, Biz ko'rdik, Sen ko'rding,
       Siz ko'rdingiz, U ko'rdi, Ular ko'rdilar
   (4) Men uchrashdim, Biz uchrashdik,
       Sen uchrashding, Siz uchrashdingiz,
       U uchrashdi, Ular uchrashdilar
   (5) Men yozdim, Biz yozdik, Sen yozding,
       Siz yozdingiz, U yozdi, Ular yozdilar

3. (1) Uni bugun ko'rdim.
   (2) Sanjar bilan kechqurun uchrashmadim.
   (3) Men o'tkan haftada keldim.
   (4) Sen yozda bormading.
   (5) Men ertalab ovqat yedim.

4. [MP3 02-3]
   (1) Everest tog'i eng baland. 에베레스트산은 가장 높다.
   (2) Anvar yaxshiroq. 안바르가 더 좋다.
   (3) Bu ovqat mazaliroq. 이 음식은 더 맛있다.
   (4) Yangiroq velosiped 더 새로운 자전거
   (5) Baland bino 높은 건물

03-Dars

1. (1) Bu stul.
   (2) U yerda kutubxona joylashgan.
   (3) Buni tushunmadim.
   (4) Shu kitobni olib keling.
   (5) Unga aytdim.

2. (1) Stulga o'tiring.
   (2) Xonaga kiring.
   (3) Kitobga yozmang.
   (4) Ruchkani menga bering.
   (5) Eshikni ochma.

3. (1) A: Bozordan o'ngga buriling. 시장에서 우회전하세요.
       B: Kechirasiz. Bozor qayerda dedingiz?
          죄송합니다. 시장이 어디라고 하셨습니까?
   (2) A: Bu yer muzey. 여기는 박물관입니다.
       B: Xaritadan ko'rsatib yuboring.
          지도에서 보여 주세요.
   (3) A: Chap tomonda mehmonxona joylashgan.
          왼쪽에 호텔이 있습니다.
       B: Kechirasiz. Qayta tushuntirib bering.
          죄송합니다. 다시 설명해 주세요.

(4) A: U kitob kutubxonada bor.
그 책은 도서관에 있습니다.

B: Nima dedingiz? 뭐라고 하셨습니까?

(5) A: Mana bu bino yonida teatr bor.
이 건물 옆에 극장이 있습니다.

B: Sekinroq gapiring sizni
tushunmayapman.
천천히 말해 주세요. 잘 이해가 안됩니다.

4. [MP3 03-3]

Aziz   Kechirasiz, (1)bu yerda **mehmonxona**
bormi?

Ikrom   Ha, bozorning orqasida mehmonxona
(2)joylashgan.

Aziz   Ko'rsatib yuboring (3)iltimos.

Ikrom   Bozor yonidan (4)to'g'riga yuring.
U yerdan (5)chapga buriling.

Aziz   Sizni tushunmadim.
(6)Qayta tushuntirib bering.

Ikrom   Albatta. Bozor yonidan (7)to'g'riga boring,
mehmonxona muzey yonida joylashgan.

Aziz   Tushundim. Rahmat!

아지즈   여기에 호텔이 있습니까?
이크럼   네, 시장 뒤쪽에 호텔이 위치합니다.
아지즈   보여 주세요. 부탁드립니다.
이크럼   시장 옆에서 직진하세요. 거기에서 좌회전하세요.
아지즈   당신을 잘 이해하지 못했습니다. 다시 설명해 주세요.
이크럼   물론이죠. 시장 옆에서 직진하세요.
호텔이 박물관 옆에 위치합니다.
아지즈   이해했습니다. 감사합니다!

◀ 04-DARS ▶

1. (1) A: Sen nonushtadan so'ng nima qilasan?
너는 식사하고 나서 뭐하니?

B: Men nonushtadan so'ng maktabga
boraman. 저는 식사하고 나서 학교에 갑니다.

(2) A: Dars tugagandan keyin tushlik qilasanmi?
수업이 끝나고 나서 점심 식사를 하니?

B: Yo'q, darsdan keyin **kutubxonaga**
boraman. 아니요, 수업 후에 도서관에 갑니다.

(3) A: Uxlashdan oldin nima qilasan?
잠자기 전에 무엇을 하니?

B: Uxlashdan oldin gazeta o'qiyman.
잠자기 전에 신문을 읽습니다.

(4) A: Senga nima yoqadi? 너는 무엇이 마음에 들어?

B: Menga o'zbek taomlari yoqadi.
나는 우즈베크 음식들이 마음에 들어.

(5) A: Sayyora qayerda ishlaydi?
사요라는 어디에서 일해?

B: Sayyora dorixonada ishlaydi.
사요라는 약국에서 일해.

2. (1) Men dush qabul qilishdan oldin nonushta
qilaman. 저는 샤워하기 전에 아침 식사를 합니다.

(2) Sen nonushta qilishdan oldin gazeta
o'qiysanmi? 너는 아침 식사를 하기 전에 신문을 읽어?

(3) Kutubxonadan kelganingdan so'ng/keyin
nima qilasan? 도서관에서 오고 나서 무엇을 하니?

(4) Darsim tugaganidan so'ng/keyin uyga
boraman. 수업이 끝나고 나서 집에 갑니다.

(5) Men ertalab turganimdan so'ng/keyin suv
ichaman. 저는 아침에 일어나서 물을 마십니다.

3. (1) Men har kuni soat 8 da maktabga boraman.

(2) Ertalab turganimdan so'ng/keyin dush
qabul qilaman.

(3) Dush qabul qilganimdan so'ng/keyin
nonushta qilaman.

(4) Men odatda kechki ovqatni yemayman.

(5) Siz kutubxonaga tez-tez borasizmi?

4. [MP3 04-3]

Salom. Mening ismim Aziz. Men har kuni
ertalab soat 7 da turaman. Men soat 8 da
universitetga boraman. U yerda darsim soat
2 da tugaydi. Soat 3 da kutubxonada koreys
tilini o'rganaman. Menga koreys tili *va* koreys
filmlari yoqadi. Odatda uxlashdan oldin
televizor ko'rmayman. Men kechqurun kitob
o'qiyman.

안녕하세요. 제 이름은 아지즈입니다. 저는 매일 아침 7시에 일어납니다.

저는 8시에 대학교에 갑니다. 거기에서 수업이 2시에 끝납니다. 3시에
도서관에서 한국어를 공부합니다. 저는 한국어와 한국 드라마를 좋아합
니다. 보통 자기 전에 TV를 보지 않습니다. 저는 저녁에 책을 읽습니다.

(1) **Aziz har kuni soat 8 da turadi.** (X)

아지즈는 매일 아침 8시에 일어납니다.

(2) **Aziz soat 6 da koreys tilini o'rganadi.** (X)

아지즈는 6시에 한국어 공부를 합니다.

(3) **U kechqurun kitob o'qiydi.** (O)

그는 저녁에 책을 읽습니다.

(4) **Aziz uxlashdan oldin televizor ko'radi.** (X)

아지즈는 잠을 자기 전에 TV를 봅니다.

(5) **Azizga koreys filmlari yoqadi.** (O)

아지즈는 한국 드라마를 좋아합니다.

05-DARS

1. (1) A: **Sen nima qilyapsan?** 너는 뭐하고 있어?

   B: **Men kitob o'qiyapman.** 나는 책을 읽고 있어.

   (2) A: **Ular nima qilyaptilar?** 그들은 뭐하고 있어?

   B: **Ular kinoga ketyaptilar.** 그들은 영화관에 가고 있어.

   (3) A: **Ular nima o'rganyaptilar?**

   그들은 무엇을 배우고 있어?

   B: **O'zbek tilini o'rganyaptilar.**

   (그들은) 우즈베크어를 배우고 있어.

   (4) A: **U kutubxonaga ketyaptimi?**

   그는 도서관에 가고 있어?

   B: **Yo'q, u uyga ketyapti.** 아니, 그는 집에 가고 있어.

   (5) A: **Nima o'qiyapsan?** 무엇을 읽고 있어?

   B: **Gazeta o'qiyapman.** 신문을 읽고 있어.

2. (1) **Sen shu kunlarda nima qilyapsan?**

   너는 요즘 뭐하고 있니?

   (2) **Siz maktabga ketyapsizmi?**

   당신은 학교에 가고 계십니까?

   (3) **Bu yerda o'zbek tili o'rganyapman.**

   (저는) 여기에서 우즈베크어를 배우고 있습니다.

   (4) **Biz telefonda gaplashyapmiz.**

   우리는 통화하고 있습니다.

   (5) **Ular kinoga bormayaptilar.**

   그들은 영화관에 가고 있지 않습니다.

3. (1) **Minjun bilan birga kutubxonaga boryapmiz.**

   민준이랑 같이 도서관에 가고 있습니다.

   (2) **Ko'rishga arzigulik kino bormi?**

   볼 만한 영화 있습니까?

   (3) **U telefon qilyapti.** 그는 전화하고 있어.

   (4) **Anvar bilan darsga qilyapmiz.**

   안바르와 같이 숙제를 하고 있어.

   (5) **Hozir uyga ketyapsanmi?** 지금 집에 가고 있니?

4. [MP3 05-3]

   A: **Allo!**

   B: (1) **Allo eshitaman.**

   A: **Assalomu alaykum!** (2) **Bu Azizmi?**

   B: **Vaalekum assalom. Yo'q bu Aziz emas.**

   (3) **Kim bo'lasiz?**

   A: **Men Azizning do'stiman.**

   (4) **Menga Aziz kerak edi.**

   B: **Hozir Aziz uyda yo'q.**

   (5) **Kechroq telefon qiling?**

   A: (6) **Xo'p mayli.**

   A: 여보세요!

   B: 네 여보세요. (듣고 있습니다.)

   A: 안녕하세요! (혹시) 아지즈이세요?

   B: 안녕하세요. 아니요 아지즈 아닙니다. 누구세요?

   A: 저는 아지즈의 친구입니다. 저에게 아지즈가 필요한데요.

   B: 지금 아지즈가 집에 없습니다. 이따가 전화해 주시겠어요?

   A: 네 알겠어요.

06-DARS

1. (1) A: **Bekzod qayerga ketyapti?**

   벡조드가 어디에 가고 있습니까?

   B: **Bekzod tarix muzeyiga ketyapti.**

   벡조드는 역사 박물관에 가고 있습니다.

   (2) A: **Akang necha yoshda?** 형이 몇 살입니까?

   B: **Akam 22 yoshda.** 형은 22살입니다.

(3) A: **Bu kimning kitobi?** 이 책이 누구 책입니까?

B: **Bu singlimning kitobi.** 이 책은 여동생의 책입니다.

(4) A: **Sening do'sting kelajakda kim bo'lishni
istaydi?** 너의 친구는 미래 꿈(누구)이 뭐야?

B: **Futbol o'yinchisi bo'lishni istaydi.**
축구 선수가 되고 싶어해.

(5) A: **Sen kelajakda kim bo'lishini istaysan?**
너는 미래 꿈(누구)이 뭐야?

B: **Men shifokor bo'lishni istayman.**
나는 의사가 되고 싶어.

2. (1) **Bu mening oilam.** 이것은 저의 가족입니다.

(2) **Oilam katta.** (저의) 가족은 큽니다.

(3) **Oilada ota-onam, opam, ukam** *va* **singlim
bor.** (저의) 가족은 부모님, 누나, 남동생 그리고 여동생이 있습니다.

(4) **Opam turmushga chiqqan.**
(저의) 누나가 결혼했습니다.

(5) **Opamning ikki farzandi bor.**
누나한테 아이 두 명이 있습니다.

3. (1) **Mening opam universitetda** tarjimonlik
fakultetida o'qiydi.
나의 누나가 대학교 통번역과에서 공부한다.

(2) **U kelajakda futbol o'yinchisi bo'lishni
istaydi.** 그는 미래에 축구 선수가 되고 싶어한다.

(3) **Bugun sizga mening do'stimni tanishtirishni
istayman.**
오늘 당신한테 나의 친구를 소개하고 싶습니다.

(4) **Sizning ukangiz qayerga ketyapti?**
당신의 남동생이 어디에 가고 있습니까?

(5) **Uning singlisi maktabda o'qiydi.**
그의 여동생이 학교 다닌다.

4. [MP3 **06-3**]

Aziz Farhod, (1)**sening ukang necha yoshda?**

Farhod Mening (2)**ukam 19 yoshda.**

Aziz (3)**Ukang universitetning qaysi
fakultetida o'qiydi?**

Farhod Ukam universitetning (4)**tarix fakultetida
o'qiydi.**

Aziz (5)**Mening ukam ham kelajakda shu
fakultetda o'qishni istaydi.**

아지즈 파르허드, 너의 남동생은 몇 살이야?

파르허드 나의 남동생은 19살이야.

아지즈 남동생이 대학교의 무슨 학과에서 공부해?

파르허드 남동생은 대학교의 역사학과에 다녀.

아지즈 나의 남동생도 미래에 그 학과에서 공부하고 싶어 해.

1. (1) **Farhodga uchta** olma **kerak.**
파르허드에게 사과가 3개 필요합니다.

▶ **Farhodga nechta olma kerak?**
파르허드에게 사과가 몇 개 필요합니까?

(2) **Bugun menga** mashina **kerak.**
오늘 저에게 자동차가 필요합니다.

▶ **Bugun sizga nechta mashina kerak?**
오늘 당신에게 자동차가 몇 대 필요합니까?

(3) **Azizga bir litr** sut **kerak.**
아지즈에게 우유가 1ℓ 필요합니다.

▶ **Azizga necha litr sut kerak?**
/ **Azizga qancha sut kerak?**
아지즈에게 우유가 몇 ℓ 필요합니까?
/ 아지즈에게 우유가 얼마나 필요합니까?

(4) **Ovqatga bir kilo go'sht kerak.**
음식에 (음식을 만들려면) 고기가 1kg 필요합니다.

▶ **Ovqatga necha kilo go'sht kerak?** /
Ovqatga qancha go'sht kerak?
음식에 고기가 몇 kg 필요합니까? /
음식에 고기가 얼마나 필요합니까?

(5) **Menga** sabzi **kerak.**
저에게 당근이 필요합니다.

▶ **Sizga nechta sabzi kerak?**
/ **Sizga qancha sabzi kerak?**
당신에게 당근이 몇 개 필요합니까?
/ 당신에게 당근이 얼마나 필요합니까?

2. (1) **Bu tarvuzni qayerdan sotib olasiz? Juda
mazali ekan!**
이 수박을 어디에서 사세요? 아주 맛있네요!

(2) **Mana bu choyni** ichib ko'ring.
이 차를 마셔 보세요.

(3) **Madina, menga kitobni** olib keling.
마디나, 저에게 책을 가지고 오세요.

(4) **Farg'onaga albatta** borib ko'ring!
페르가나에 꼭 가 보세요!

(5) **Mana bu ovqatni** yeb ko'ring.
이 음식을 먹어 보세요.

3. (1) Menga bir kg guruch *va* ikkita piyoz kerak.
(2) Bu karam qancha? Uch ming so'mga bo'ladimi?
(3) Minjunga o'zbek tili kitobi kerak.
(4) Kecha O'zbekistonda koreys taomini yeb ko'rdim.
(5) Bozordan faqat sabzavot *va* meva sotib olaman.

4. [MP3 **07-3**]

Ikrom	Olma (1)qanchadan?
Sotuvchi	Bir kilosi (2)uch ming so'mdan.
Ikrom	(3)ikki mingga bo'ladimi?
Sotuvchi	2,500 ga (4)beraman.
Ikrom	Ha, mayli (5)bir kilo bering.
Sotuvchi	Mana (6)marxamat!
Ikrom	Rahmat.

이크럼	사과 얼마예요?
판매원	1kg에 3,000솜이에요.
이크럼	2,000솜에 돼요?
판매원	2,500솜에 줄게요.
이크럼	네, 그럼 1kg 주세요.
판매원	여기 있습니다!
이크럼	감사합니다.

◀ 08-DARS ▶

1. (1) A: **Bu yerdan kitob sotib olmoqchimisiz?**
여기에서 책을 구매하려고 하십니까?
B: **Ha, menga tarix kitobi kerak.**
네, 저에게 역사 책이 필요합니다.
(2) A: **Men kechroq ketmoqchiman.**
Siz ketmoqchimisiz?
저는 이따가 가려고 합니다. 당신은 가려고 하십니까?

B: **Yo'q ketmoqchi emasman.**
아니오, 가려고 하지 않습니다.
(3) A: **Daftarga nima yozmoqchisiz?**
공책에 무엇을 쓰려고 하십니까?
B: **Daftarga ismimni yozmoqchiman.**
공책에 이름을 쓰려고 합니다.
(4) A: **Dam olish kuni nima qilmoqchisiz?**
주말에 무엇을 하려고 하십니까?
B: **Do'stim bilan ko'rishmoqchiman.**
친구랑 만나려고 합니다.

2. (1) **Siz mashina hayday olasizmi?**
당신은 자동차 운전을 할 수 있으세요?
▶ Ha, men mashina hayday olaman.
네, 저는 자동차 운전을 할 수 있습니다.
(2) **Xitoy tilida gapira olasizmi?**
중국어로 말할 수 있으세요?
▶ Ha, Xitoy tilida gapira olaman.
네, 중국어로 말할 수 있습니다.
(3) **Ovqat pishira olasizmi?** 요리할 수 있으세요?
▶ Yo'q, ovqat pishira olmayman.
아니요, 요리할 수 없습니다.
(4) **Do'stingiz qo'shiq ayta oladimi?**
친구가 노래를 부를 수 있어요?
▶ Yo'q, do'stim qo'shiq ayta olmaydi.
아니요, 친구는 노래를 부를 수 없습니다.

3.

> 저는 이번 휴가 때 우즈베크어를 배우려고 합니다. 시간이 있으면 우즈베키스탄에서 여행을 하려고 합니다. 저는 사마르칸드, 부하라 그리고 히바에 가고 싶습니다. 사진 찍는 것을 좋아합니다. 그래서 여행을 하면 사진을 많이 찍으려고 합니다.

Men shu ta'tilda o'zbek tilini o'rganmoqchiman. Vaqtim bo'lsa O'zbekistonda sayohat qilmoqchiman. Men Samarqand, Buxoro *va* Xivaga borishni xohlayman. Suratga olishni yaxshi ko'raman. Shuning uchun sayohat qilsam ko'p suratga olmoqchiman.

4. [MP3 **08-3**]

Minjun   **Bu ta'tilda o'zbek tili**
      (1) **o'rganmoqchiman.**

Aziza   **Qoyil! Ta'tilda ham o'zbek tili**
      (2) **o'rganmoqchimisan?**

Minjun   **Ha,** (3) **vaqtim bo'lsa qozoq tilini ham**
      o'rganmoqchiman. Sen-chi?

Aziza   **Men esa gitara** (4) **chalishni**
      o'rganmoqchiman.

Minjun   **Men gitara** (5) **chalishni bilaman.**

Aziza   **Voy! Menga ham** (6) **o'rgatasan-a?**

Minjun   **Albatta!**

민준	이번 휴가 때 우즈베크어를 배우려고 해.
아지자	멋있어! 휴가 때도 우즈베크어를 배우려고 해?
민준	응, 시간이 있으면 카자흐어도 배우려고 해. 너는?
아지자	나는 기타 치는 것을 배우려고 해.
민준	나는 기타 칠 줄 알아.
아지자	어머나! 나에게도 가르쳐 줄 거지?
민준	그럼!

09-DARS

1. (1) **Mening ukam keldi.** 나의 남동생이 왔다.

   ▶ **Mening ukam kelgan edi.**
     나의 남동생이 온 적이 있었다.

  (2) **O'zbek tilini o'rgandim.** 우즈베크어를 배웠다.

   ▶ **O'zbek tilini o'rgangan edim.**
     우즈베크어를 배운 적이 있었다.

  (3) **Bu kinoni ko'rmadim.** 이 영화를 보지 않았다.

   ▶ **Bu kinoni ko'rmagan edim.**
     이 영화를 본 적이 없었다.

  (4) **Sen Toshkentga bordingmi?** 너는 타슈켄트에 갔니?

   ▶ **Sen Toshkentga borgan edingmi?**
     너는 타슈켄트에 간 적이 있었니?

  (5) **Koreyaga sayohat qildik.** 한국을 여행했다.

   ▶ **Koreyaga sayohat qilgan edik.**
     한국에 여행 간 적이 있었다.

2. (1) **Yakshanba kuni maktabga borishingiz kerakmi?** 일요일에 학교에 가야합니까?

   ▶ **Yo'q, yakshanba kuni maktabga borishim shart emas.**
     아니요, 일요일에 학교에 갈 필요가 없습니다.

  (2) **Bu kitobni o'qishim kerakmi?**
    이 책을 읽어야 합니까?

   ▶ **Ha, bu kitobni o'qishingiz kerak.**
     네, 이 책을 읽으셔야 합니다.

  (3) **Bu dorini ichishim kerakmi?**
    이 약을 먹어야 합니까?

   ▶ **Ha, bu dorini ichishing kerak.**
     응, 이 약을 먹어야 해.

  (4) **O'zbekistonda rus tilini bilishim shartmi?**
    우즈베키스탄에서 러시아어를 알아야 합니까?

   ▶ **Yo'q, O'zbekistonda rus tilini bilish shart emas.**
     아니요, 우즈베키스탄에서 러시아어를 알 필요가 없습니다.

3. (1) **Bugun ertaroq ketishingiz mumkin.**

  (2) **Sen bu dorini ichishing mumkin emas.**

  (3) **Men bu ovqatni yeyishim mumkinmi?**

  (4) **Biz bu yerda gaplashishimiz mumkin emasmi?**

4. [MP3 **09-3**]

Ikrom   **Assalomu alaykum. doktor.**
      (1) **Kirish mumkinmi?**

Shifokor   **Ha, marxamat** (2) **o'tiring.**

Ikrom   **Doktor mening** (3) **boshim og'riyapti.**

Shifokor   **Necha kundan beri** (4) **og'riyapti?**

Ikrom   **Ikki** (5) **kundan beri.**

Shifokor   **Boshingizni ultra tovush apparatida**
      (6) **tekshirishimiz kerak.**
      Mana bu xonaga kiring.

이크럼	안녕하세요. 선생님. 들어가도 돼요?
의사	네, 어서 앉으세요.
이크럼	선생님 저는 머리가 아픈데요.
의사	며칠 전부터 아프나요?
이크럼	이틀 전부터요.
의사	당신의 머리를 초음파검사기로 검사해 봐야 해요.
	이 방으로 들어가세요.

연습문제 정답

10-DARS

1. (1) A: **Ertaga yomgʻir yogʻadimi?**
내일 비가 올까요?

   B: **Ertaga yogʻmasa kerak.**
내일 비가 안 올 것 같아요.

   (2) A: **Bugun dars boʻladimi?**
오늘 수업이 있을까요?

   B: **Dars boʻlsa kerak.**
수업이 있을 것 같아요.

   (3) A: **Kinoga boramizmi?**
영화관에 갈까요?

   B: **Kinoga borsak kerak.**
영화관에 갈 것 같아요.

   (4) A: **U amerikalikmi?**
그는 미국인일까요?

   B: **Amerikalik boʻlmasa kerak.**
미국인이 아닌 것 같아요.

2. (1) **Menga oshqovoqli ovqatlar yoqmaydi.**
저는 호박이 들어 있는 음식을 싫어합니다.

   (2) **Bitta shokoladsiz muzqaymoq bering.**
초콜릿 없는 아이스크림 하나 주세요.

   (3) **Men shakarli kofe ichmayman.**
저는 설탕이 있는 커피를 마시지 않습니다.

   (4) **Koʻzoynakli erkakni bilasizmi?**
안경 쓴 남자를 아세요?

   (5) **Tuzsiz ovqat juda bemaza.**
소금이 없는 음식은 맛이 없습니다.

3. (1) **Oʻzbek tili kuda qiziqarli. Ammo qiyin.**

   (2) **U bugun kechroq kelsa kerak. Chunki uning darsi kech tugaydi.**

   (3) **Men ham Minjun ham bu kinoni koʻrmagan edik.**

   (4) **Oʻzbekistonda oʻzbek tili *va* oʻzbek madaniyatini oʻrganyapman.**

4. [MP3 **10-3**]

   Oʻzbekistonda (1)**yoz faslida odatda havo juda** (2)**issiq boʻladi. Kuz faslida esa kunduzi** (3)**iliq, kechasi esa** (4)**salqin ob-havo kuzatiladi. Qishda koʻp** (5)**qor yogʻadi, bahorda esa** (6)**koʻp shamol esadi.**

우즈베키스탄에서는 여름에 날씨가 아주 덥습니다.
가을에는 낮에 따뜻하고, 저녁에는 서늘한 날씨를 볼 수 있습니다.
겨울에는 눈이 많이 오고, 봄에는 바람이 많이 붑니다.

11-DARS

1. (1) **Minjun kimchi tayyorlash uchun karam sotib oldi.**
민준은 김치를 만들기 위해 배추를 샀다.

   (2) **Men kitob oʻqish uchun kutubxonaga bordim.**
나는 책을 읽기 위해 도서관에 갔다.

   (3) **U badan tarbiya qilish uchun erta turdi.**
그는 아침 체조를 하기 위해 일찍 일어났다.

   (4) **Men Shahzod bilan koʻrishish uchun vokzal yoniga keldim.**
나는 사흐저드와 만나기 위해 역 근처에 왔다.

2. (1) **Nigora ingliz tilini biladimi?**
니고라가 영어를 할 줄 압니까?

   ▶ **Nigora ingliz tilini biladi deb eshitdim.**
니고라가 영어를 할 줄 안다고 들었습니다.

   (2) **Feruza yangi mashina sotib oldimi?**
페루자가 새로운 차를 샀습니까?

   ▶ **Feruza yangi mashina sotib oldi deb eshitdim.**
페루자가 새로운 차를 샀다고 들었습니다.

   (3) **Minjun yaxshi talabami?** 민준이 좋은 대학생입니까?

   ▶ **Minjun yaxshi talaba deb eshitdim.**
민준이 좋은 대학생이라고 들었습니다.

   (4) **Lola Koreyada oʻqiydimi?**
럴라가 한국에서 유학 중입니까?

   ▶ **Lola Koreyada oʻqiydi deb eshitdim.**
럴라가 한국에서 유학 중이라고 들었습니다.

3. (1) **Men kech turganim uchun darsga kech qoldim.**

   (2) **Minjun Toshkentda yashagani uchun Toshkentni yaxshi biladi.**

   (3) **Men oʻzbek tilini bilmaganim uchun sizni tushuna olmayman.**

(4) Kecha darsga bormaganim uchun bugun dars qiyin bo'ldi.

4. [MP3 **11-3**]

Bugun dugonam bilan fransuz restoraniga bordik. U yerda men krevetkali salat (1)buyurdim, dugonam esa vegetarian u go'shtli taomlarni yemaydi. U sabzavotli sho'rva buyurtirdi. (2)Ofitsiant juda xushmuomala xizmat qildi. Ammo salat biroz (3)sho'r bo'lgani uchun menga uncha yoqmadi. Dugonam esa sho'rva juda mazali bo'libti (4)deb aytdi. Biz kelasi hafta yana shu restoranga bormoqchimiz.

오늘 친구(여자)와 함께 프랑스 레스토랑에 갔습니다. 거기에서 저는 새우 샐러드를 주문했고, 친구는 채식주의자라서 고기가 들어 있는 음식을 먹지 않습니다. 그녀는 수프를 주문했습니다. 웨이터가 아주 정중하게 서비스를 했습니다. 하지만 샐러드가 조금 짜서 별로 마음에 들지 않았습니다. 친구는 수프가 아주 맛있었다고 말했습니다. 우리는 다음 주에 또 이 레스토랑에 가려고 합니다.

12-Dars

1. (1) Men bu universitetga bir yil oldin o'qishga kirganman.
(2) Biz tarix muzeyiga borganmiz.
(3) Ular hech qachon sayohat qilmaganlar.
(4) Sen yordam bermagansan.

2. (1) Men futbol o'ynashni ham ko'rishni ham yaxshi ko'raman.
저는 축구를 보는 것도 하는 것도 좋아합니다.
(2) U menga na xat yozdi, na telefon qildi.
그는 저에게 편지도 안 썼고 전화도 안 했습니다.
(3) Bugun Nigora bilan yoki kinoga, yoki konsertga boramiz.
오늘 니고라와 함께 영화관에 가거나 콘서트에 갈 겁니다.
(4) Na bu hafta, na kelasi hafta sayohat qila olaman.
이번 주에도 다음 주에도 여행하러 가지 못합니다.

3. (1) 나는 우즈베키스탄에 간 적이 없다.
(2) 영어를 배운 적이 있다.
(3) 당신은 한국에 간 적이 있으십니까?
(4) 민준은 이 영화를 본 적이 없다.

4. [MP3 **12-3**]

Mening ismim Sanjar.
Men 1992-yil 12-Avgustda Toshkentda (1)tug'ilganman. Men maktabni tugatgach O'zbekiston Davlat Jahon Tillari Universitetiga o'qishga (2)kirganman.
U yerda koreys tilini (3)o'rganganman.
2015-yilda Koreyaga (4)sayohat qilganman.

제 이름은 산자르입니다.
저는 1992년 8월 12일에 타슈켄트에서 태어났습니다.
저는 학교를 졸업하고 우즈베키스탄 국립 외국어 대학교에 입학했습니다.
거기에서 한국어를 배웠습니다. 2015년에 한국에 여행 간 적이 있습니다.

13-Dars

1. (1) Futbol o'ynayotgan yigitni taniyman.
U mening do'stim.
축구하고 있는 남자를 압니다. 그는 저의 친구입니다.
(2) Kecha sotib olgan kitobimni bugun yo'qotib qo'ydim. 어제 산 책을 오늘 잃어 버렸습니다.
(3) Koreys tilini biladigan talabalarni taniysizmi?
한국어를 아는 대학생들을 아십니까?
(4) Telefonda gapirayotgan yigit sizning akangizmi?
통화하고 있는 남자가 당신의 형입니까?
(5) Universitetda o'qiydigan do'stingiz bormi?
대학교 다니는 친구가 있으십니까?

2. (1) O'zbekcha kitob o'qib yangi so'zlar o'rgandim.
우즈베크어 책을 읽고 새로운 단어들을 배웠습니다.
(2) U koreys tilini o'rganib tarjimon bo'lib ishlaydi. 그는 한국어를 배워서 통역가로 일합니다.

(3) Dars soat ikkida boshlanib soat oltida tugaydi. 수업이 2시에 시작해서 6시에 끝납니다.

(4) U uyga kelib tushlik qiladi. 그는 집에 와서 점심 식사를 합니다.

3. (1) Konsertga bormay muzeyga boring.

(2) U nonushta qilmay maktabga ketdi.

(3) Yolg'iz bormay men bilan birga bor.

(4) Qo'lni yuvmay ovqat yeyish mumkin emas.

4. [MP3 **13-3**]

Minjun	Ana u (1)ketayotgan avtobus qayerda boradi?
Sardor	U avtobus Chorsu bozoriga (2)boradigan avtobus.
Minjun	Tushunarli. (3)avtobus bekati qayerda?
Sardor	Mehmonxona (4)yonida joylashgan.
Minjun	Bu yerdan uzoq (5)ekanda!
Sardor	Ha, shunday.

민준	저기 가는 버스는 어디로 갑니까?
사르도르	그 버스는 처르수 시장으로 가는 버스입니다.
민준	알겠습니다. 버스 정류장이 어디에 있습니까?
사르도르	호텔 옆에 있습니다.
민준	여기에서 멀군요!
사르도르	네, 그렇습니다.

14-Dars

1. (1) A: Bugun bank ishlaydimi?
오늘은 은행이 문을 엽니까?

B: Bank ishlasa yaxshi bo'lar edi.
은행이 문을 열었으면 좋겠어요.

(2) A: U kitobni berib turadimi?
그는 책을 빌려 줄까?

B: Kitobni berib tursa yaxshi bo'lar edi.
책을 빌려 줬으면 좋겠어.

(3) A: Biz ham tadbirga boramizmi?
우리도 행사에 갈 거야?

B: Biz bormasak yaxshi bo'lar edi.
우리는 행사에 안 갔으면 좋겠어.

(4) A: Bugun qor yog'adimi?
오늘은 눈이 올까요?

B: Qor yog'masa yaxshi bo'lar edi.
눈이 안 왔으면 좋겠어요.

2. (1) U ertalab erta turar edi.

(2) Men ozish uchun har kuni yugurar edim.

(3) Biz har hafta koreys oshxonasiga borar edik.

(4) Men maktab tadbirida qo'shiq aytar edim.

3. (1) Bugun uyga ertaroq kelgin.
오늘 집에 일찍 오도록 해.

(2) Bu yerda sigaret chekmagin.
여기에서 담배를 피우지 말도록 해.

(3) Uyga borib menga telefon qilgin.
집에 가서 나한테 전화하도록 해.

(4) Bu yerda yolg'iz sayr qilmagin.
여기에서 혼자 산책하지 말도록 해.

4. [MP3 **14-3**]

Nigora	Kelasi hafta mening tug'ilgan kunim. Sen ham (1)kelsang yaxshi bo'lar edi.
Minjun	(2)Tabriklayman Nigora! Kelasi hafta qaysi kuni?
Nigora	Rahmat! Kelasi hafta yakshanba kuni soat 6 ga (3)kelgin.
Minjun	Yaxshi. Albatta boraman.
Nigora	Unda (4)yakshanba kuni ko'rishamiz.

니고라	다음 주에 내 생일이야. 너도 왔으면 좋겠어.
민준	축하해 니고라! 다음 주 무슨 요일이야?
니고라	고마워! 다음주 일요일 6시에 오도록 해.
민준	그래. 꼭 갈게.
니고라	그럼 일요일에 보자.

15-Dars

1. (1) U menga yangi mashinasini ko'rsatdi.

(2) Men ukamga ovqat yedirdim.

(3) Biz ularni uyga kirgizdik.

(4) U menga suv ichirdi.

2. (1) Mening imtihonim soat 8 da boshlanadi.
   (2) Ko‘p kiyim sotib olindi.
   (3) Eshik to‘satdan ochildi.
   (4) Ko‘p mehmonlar taklif qilindi.

3. (1) U Minjunga o‘zbek tilini o‘qitdi.
   (2) U singlisiga kechki ovqatni yedirdi.
   (3) Uzoqdan do‘stim ko‘rindi.
   (4) Bugun dars erta boshlandi.

4. [MP3 **15-3**]

Sardor	**Minjun qayerga** (1)**ketyapsan?**
Minjun	**Kasalxonaga** (2)**ketyapman.**
	Ko‘zimni (3)**tekshirtirmoqchiman.**
Sardor	**Nima bo‘ldi?**
Minjun	**Uzoq yaxshi** (4)**ko‘rinmayapti.**
Sardor	**Uyim yonida yangi kasalxona** (5)**ochildi.**
	U yerga seni olib boraymi?
Minjun	**Yaxshi bo‘lar edi.**

사르도르	민준아 어디 가고 있니?
민준	병원에 가고 있어. 눈 검사를 받으려고 해.
사르도르	무슨 일이야?
민준	먼 거리가 잘 안 보여.
사르도르	내 집 근처에 새로운 병원이 열렸어.
	거기에 너를 데려다줄까?
민준	데려다줬으면 좋겠어.

기초 문법 & 용법

◆ 인칭대명사

인칭	단수		복수	
1 인칭	Men	나	Biz	우리
2 인칭	Sen	너	Siz	너희/당신
3 인칭	U	그/그녀	Ular	그(녀)들

◆ 여러 가지 격조사

격조사	역할	격조사 어미
주격	문장에서 주어 역할	존재하지 않음
소유격 (~의)	사람이나 사물의 소유	~ning
목적격 (~을)	문장에서 목적어 역할	~ni
처격 (~에, ~에서)	공강, 시간에서 위치	~da
여격 (~로, ~에)	목적지, 행동의 방향	~ga
탈격 (~로부터)	행동, 사물, 시간의 시발점	~dan

◆ 인칭대명사 격변화

주격	소유격	목적격	여격	처격	탈격
Men 나	Mening 나의	Meni 나를	Menga 나에게	Menda 나한테	Mendan 나로부터
Sen 너	Sening 너의	Seni 너를	Senga 너에게	Senda 너한테	Sendan 너로부터
U 그/그녀	Uning 그의/그녀의	Uni 그를/그녀를	Unga 그에게/그녀에게	Unda 그한테/그녀한테	Undan 그로부터/그녀로부터
Biz 우리	Bizning 우리의	Bizni 우리를	Bizga 우리에게	Bizda 우리한테	Bizdan 우리로부터
Siz 너희/당신	Sizning 너희들의/당신의	Sizni 너희들을/당신을	Sizga 너희들에게/당신에게	Sizda 너희들한테/당신한테	Sizdan 너희들로부터/당신으로부터
Ular 그(녀)들	Ularning 그들의/그녀들의	Ularni 그들을/그녀들을	Ularga 그들에게/그녀에게	Ularda 그들한테/그녀들한테	Ulardan 그들로부터/그녀들로부터

◆ 인칭어미

우즈베크어에는 서술어에 명사류의 품사가 올 수 있다. 이 때 서술어에 주어의 행위자를 나타내는 인칭어미가 사용된다. 인칭어미의 형태는 크게 3가지로 나누는데, 주어가 인칭대명사일 때는 서술에서 사용되는 인칭어미는 제1형 인칭어미라고 한다. 구어체로 가끔 3인칭어미는 생략된다.

인칭	단수		복수	
1 인칭	Men (나)	–man	Biz (우리)	–miz
2 인칭	Sen (너)	–san	Siz (너희/당신)	–siz
3 인칭	U (그/그녀)	–(dir)	Ular 그(녀)들	–(lar)

Men talabaman. 나는 대학생이다.

Ular bolalar (인칭어미 없음). 그들은 아이들이다.

Siz juda goʻzalsiz. 당신은 아주 예쁩니다.

Biz oʻzbek tili talabalarimiz. 우리는 우즈베크어(우즈크어를 배우는) 대학생들이다.

◆ 의문대명사

Kim?	누구?	Nima?	무엇?
Qanaqa?	어떤 종류? / 어떤?	Qanday?	어떤?
Necha?	얼마? (셀 수 있는 양)	Qancha?	얼마? (셀 수 없는 것)
Qayer?	어디?	Qayoq?	어느 쪽?
Qaysi?	어느 것?		

◆ 지시대명사

단수	복수	위치	
Bu 이것	Bular 이것들	Bu yer 여기	Bu yerda 여기에(서)
Shu 저것	Shular 저것들	Shu yer 저기	Shu yerda 저기에(서)
U 그것	Ular 그것들	U yer 거기	U yerda 거기에(서)

- **지시대명사의 격변화**

  지시대명사도 인칭대명사와 같이 격변화된다. 특히 단수 지시대명사 여격(ga), 처격(da), 탈격(dan) 조사가 올 때, 격조사 앞에 −n이 첨가된다.

주격	소유격 (~의)	목적격 (~을/를)	여격 (~한테)	처격 (~에게)	탈격 (~으로부터)
Bu	Buning	Buni	Bunga	Bunda	Bundan
U	Uning	Uni	Unga	Unda	Undan
Shu	Shuning	Shuni	Shunga	Shunda	Shundan

◆ 동사의 시제

- **거시적 과거시제**

  ① 긍정형: 동사어간 + di + 제3형 인칭어미(–m, –ng / k, –ngiz, –lar)

인칭	단수	복수
1 인칭	Bor + di + m	Bor + di + k
2 인칭	Bor + di + ng	Bor + di + ngiz
3 인칭	Bor + di	Bor + di + lar

  ② 부정형: 동사어간 + ma + di + 제3형 인칭어미

인칭	단수	복수
1 인칭	Bor + ma + di + m	Bor + ma + di + k
2 인칭	Bor + ma + di + ng	Bor + ma + di + ng
3 인칭	Bor + ma + di	Bor + ma + di + lar

  ③ 의문형: 긍정형/부정형 + mi?

  존댓말로 말할 때 2인칭을 복수형을 사용한다.

  Bordingmi? 갔어? [반말]   **Bordingizmi?** 가셨어요? [존댓말]

  다른 사람이 한 행동에 대해 말할 때 존댓말로 말하려면 3인칭 복수형을 사용한다.

  U keldi. 그는 왔다. [반말]   **Dadam keldilar.** 아버지께서 오셨다. [존댓말]

● 과거완료시제

과거에 일어나고 이미 완료된 일을 나타낸다. '~적이 있었다'와 비슷한다.

① 긍정형: 동사어간 + gan edi + 제3형 인칭어미

인칭	단수	복수
1 인칭	Bor + gan edi + m (나는) 간 적이 있었다	Bor + gan edi + k (우리는) 간 적이 있었다
2 인칭	Bor + gan edi + ng (너는) 간 적이 있었다	Bor + gan edi + ngiz (당신은) 가(신) 적이 있었다
3 인칭	Bor + gan edi + (없음) (그는) 간 적이 있었다	Bor + gan edi + lar (그들은) 간 적이 있었다

② 부정형: 동사어간 + ma gan edi + 제3형 인칭어미

인칭	단수	복수
1 인칭	Bor + ma gan edi + m (나는) 간 적이 없었다	Bor + ma gan edi + k (우리는) 간 적이 없었다
2 인칭	Bor + ma gan edi + ng (너는) 간 적이 없었다	Bor + ma gan edi + ngiz (당신은) 가(신) 적이 없었다
3 인칭	Bor + ma gan edi + (없음) (그는) 간 적이 없었다	Bor + ma gan edi + lar (그들은) 간 적이 없었다

③ 의문형: 긍정형/부정형 + mi?

● 현재미래시제

일반적인 사실이나 습관적인 또는 반복되는 행동을 나타내거나 미래에 일어날 행동의 의미를 가지고 있다.

① 긍정형: 동사어간 + (자음)a/(모음) y + 제2형 인칭어미

인칭	단수	복수
1 인칭	Bor + a + man (저는) 갑니다	Bor + a + miz (우리는) 갑니다
2 인칭	Bor + a + san (너는) 갑니다	Bor + a + siz (당신은) 가십니다
3 인칭	Bor + a + di (그는) 갑니다	Bor + a + dilar (그들은) 갑니다

② 부정형: 동사어간 + ma + y + 제2형 인칭어미

인칭	단수	복수
1 인칭	Bor + ma +y + man (저는) 가지 않습니다	Bor +ma + y + miz (우리는) 가지 않습니다
2 인칭	Bor + ma + y + san (너는) 가지 않습니다	Bor + ma + y + siz (당신은) 가지 않습니다
3 인칭	Bor + ma + y + di (그는) 가지 않습니다	Bor + ma + y + dilar (그들은) 가지 않습니다

③ 의문형: 긍정형/부정형 + mi?

● 현재진행시제

① 긍정형: 동사어간 + yap + 제2형 인칭어미

인칭	단수	복수
1 인칭	Bor + yap + man (저는) 가고 있습니다	Bor + yap + miz (우리는) 가고 있습니다
2 인칭	Bor + yap + san (너는) 가고 있습니다	Bor + yap + siz (당신은) 가고 있습니다
3 인칭	Bor + yap + ti (그는) 가고 있습니다	Bor + yap + tilar (그들은) 가고 있습니다

② 부정형: 동사어간 + ma + yap + 제2형 인칭어미

인칭	단수	복수
1 인칭	Bor + ma + yap + man (저는) 가고 있지 않습니다	Bor + ma + yap + miz (우리는) 가고 있지 않습니다
2 인칭	Bor + ma + yap + san (너는) 가고 있지 않습니다	Bor + ma + yap + siz (당신은) 가고 있지 않습니다
3 인칭	Bor + ma + yap + ti (그는) 가고 있지 않습니다	Bor + ma + yap + tilar (그들은) 가고 있지 않습니다

③ 의문형: 긍정형/부정형 + mi?

● 현재완료시제

① 긍정형: 동사어간 + gan + 제2형 인칭어미

Men bu shaharda boʻlganman. 나는 이 도시에 간 적이 있다.

U bu kitobni oʻqigan. 그는 이 책을 읽은 적이 있다.

② 부정형: 동사어간 + ma + gan + 제2형 인칭어미

Men bu shaharda boʻlmaganman. 나는 이 도시에 간 적이 없다.

U bu kitobni oʻqimagan. 그는 이 책을 읽은 적이 없다.

③ 의문형(1): 긍정형/의문형 + mi? (men, biz, u)

Biz bu shaharda boʻlganmizmi? 우리가 이 도시에 간 적이 있어?

Men sendan qarz olganmanmi? 나는 너한테 돈을 빌린 적이 있어?

④ 의문형(2): 동사어간 + (ma)gan + mi + 제2형 인칭대명사 (sen, siz, sizlar, ular)

Siz bu shaharda boʻlganmisiz? 당신은 이 도시에 간 적이 있습니까?

Samarqandni koʻrmaganmisan? 사마르칸트를 본 적이 없어?

● 의도형 미래시제

의도형 미래시제는 미래의 소망, 의도, 의지를 나타내는 행동, 활동을 나타낸다.

① 긍정형: 동사어간 + moqchi + 제1형 인칭어미

인칭	단수	복수
1 인칭	Bor + moqchi + man (나는) 가려고 합니다	Bor + moqchi + miz (우리는) 가려고 합니다
2 인칭	Bor + moqchi + san (너는) 가려고 합니다	Bor + moqchi + siz (당신은) 가려고 합니다
3 인칭	Bor + moqchi (그는) 가려고 합니다	Bor + moqchi + lar (그들은) 가려고 합니다

② 부정형: 동사어간 + moqchi emas + 제1형 인칭어미

인칭	단수	복수
1 인칭	Bor + moqchi + emas + man (나는) 가려고 하지 않습니다	Bor + moqchi + emas + miz (나는) 가려고 하지 않습니다.
2 인칭	Bor + moqchi + emas + san (너는) 가려고 하지 않습니다	Bor + moqchi + emas + siz (당신은) 가려고 하지 않습니다.
3 인칭	Bor + moqchi + emas (그는) 가려고 하지 않습니다	Bor + moqchi + emas + lar (그들은) 가려고 하지 않습니다.

③ 의문형: 긍정형/부정형 + mi + 제1형 인칭어미

● 과거형 미래시제

'~려고 했다/~려고 하지 않았다'로 말하려면 ~edi 어미만 붙이면 된다.

긍정형: 동사어간 + moqchi + edi + 제1형 인칭어미
부정형: 동사어간 + moqchi + emas + edi + 제1형 인칭어미

◆ **동사의 법**

● 동사의 명령법

명령형 종결 어미인 –(i)ng는 존칭을 사용할 때 쓰며 정중한 명령이나 권유를 나타낸다. 자음으로 끝나는 동사 뒤에 –ing, 모음으로 끝나는 동사 뒤에 –ng을 붙인다.

① 긍정형: 동사어간 + (i)ng [존칭]

Sen(너) 2인칭	Siz(당신) 존칭	Sizlar(너희들) 복수형
O‘tir. 앉아.	O‘tiring. 앉으세요.	O‘tiringlar. 앉으세요.
Ayt. 얘기해.	Ayting. 얘기하세요.	Aytinglar. 얘기하세요.
To‘xta. 멈춰.	To‘xtang. 멈추세요.	To‘xtanglar. 멈추세요.

② 부정형: 동사어간 + **ma** + **ng**

Sen(너) 2인칭	Siz(당신) 존칭	Sizlar(너희들) 복수형
O'tirma. 앉지 마.	O'tirmang. 앉지 마세요.	O'tirmanglar. 앉지 마세요.
Aytma. 얘기하지 마.	Aytmang. 얘기하지 마세요.	Aytmanglar. 얘기하지 마세요.
To'xtama. 멈추지 마.	To'xtamang. 멈추지 마세요.	To'xtamanglar. 멈추지 마세요.

● 동사의 조건법

조건법은 동사 어간 뒤에 조건형 어미 ~sa(~면)을 붙여서 만든다. 인칭어미는 제3형을 사용한다.

① 긍정형: (Agar) + 동사어간 + sa + 제3형 인칭어미

인칭	단수	복수
1 인칭	Bor + sa + m	Bor + sa + k
2 인칭	Bor + sa + ng	Bor + sa + ngiz
3 인칭	Bor + sa	Bor + sa + (lar)

② 부정형: (Agar) + 동사어간 + ma + sa + 제3형 인칭어미

인칭	단수	복수
1 인칭	Bor + ma + sa + m	Bor + ma + sa + k
2 인칭	Bor + ma + sa + ng	Bor + ma +sa + ngiz
3 인칭	Bor + ma + sa	Bor + ma + sa + (lar)

◆ 형용사

의문대명사 Qanday?(어떤?), Qanaqa?(어떤? 무슨?), Qaysi?(어느?)에 대한 대답으로 사람이나 사물의 성질·상태·존재 등을 나타낸다. 문장에서 주어와 같은 기능을 하는 체언 앞에서 꾸며 주는 관형어의 역할과 문장 주체의 성질이나 상태를 나타내는 서술어의 역할을 한다.

● 형용사의 급

① 원급

다른 사물과 관계없이 사물의 구체적인 특징을 나타내는 형용사의 기본 형태이다.

Yangi 새로운, 신선한   **Eski** 오래된, 낡은   **Toza** 깨끗한   **Katta** 큰

② 비교급

다른 사물과 비교하여 대/소, 고/저, 원/근, 강/약, 등을 나타내는 형용사로 기본형태인 원급에 접사 –roq을 첨가한다.

> 비교대상 + dan ko'ra + 원급(원형) + roq

Baland 높은 → Balandroq 더 높은
Uzun 긴 → Uzunroq 더 긴

Bekdusan tog'i Bukhansan tog'idan ko'ra balandroq. 백두산은 북한산 보다 더 높다.
Sirdaryo Amudaryodan ko'ra uzunroq. 스르다르여 강이 아무다르여 강 보다 더 길다.

③ 최상급

최상급은 eng 형용사 원형으로 나타난다. Eng은 여럿 가운데 어느 것보다 뛰어날 때 '가장'의 의미를 가진다. 다른 사물과 비교하여 최고의 상태를 나타낼 때 사용한다.

> Eng + 원급

Eng baland 가장 높은   Eng yaxshi 가장 좋은
Eng uzun 가장 긴   Eng kalta 가장 짧은

◆ 명사의 인칭화 어미

인칭대명사의 소유격을 나타낼 때는 뒤에 오는 명사에 반드시 소유격 어미를 붙여야 한다. 이 명사에 인칭화 어미가 붙기 때문에 문장 속에 따로 소유격이 없어도 이 명사가 누구의 소유인지 알 수 있다.

소유격		자음으로 끝나는 명사	모음으로 끝나는 명사
나의/저의	Mening	~ im	~ m
우리의	Bizning	~ imiz	~ miz
너의	Sening	~ ing	~ ng
너희들의/당신들의	Sizning	~ ingiz	~ ngiz
그의/그녀의	Uning	~ i	~ si
그들의/그녀들의	Ularning	~ lari	~ lari

Mening kitobim 나의 책   Mening xonam 나의 방
Bizning kitobimiz 우리 책   Bizning xonamiz 우리 방

기초 문법 & 용법

● 복합 명사와 명사형 어미

명사와 명사가 결합하여 복합 명사가 될 경우에는 소유격이 붙지 않고, 단어 끝에 명사형 어미만 붙는다.

명사 1 + 명사 2 + 명사형 어미

O'zbek 우즈베크 + tili 언어   →   O'zbek tili 우즈베크어

Tarjimonlik 통번역 + fakultet 과   →   Tarjimonlik fakulteti 통번역과

◆ 자주 쓰이는 부사

Ba'zan 가끔	Har kuni 매일
Tez-tez 자주	Doim 항상
Barvaqt / Erta 일찍	Hech qachon 결코, 절대
Odatda 주로, 보통	Kamdan-kam 드물게

◆ 필요성 표현 (1)

필요성을 표현하기 위해 주어에 ~ga 여격이 붙고 kerak(필요하다)란 단어가 목적어 다음에 온다.

① 긍정형: 주어 + ga + 목적어 + kerak

Menga ruchka kerak. 나에게 볼펜이 필요합니다.

Senga yordam kerak. 당신에게 도움이 필요합니다.

② 부정형: 주어 + ga + 목적어 + kerak + emas

Menga ruchka kerak emas. 나에게 볼펜이 필요하지 않습니다.

Senga yordam kerak emas. 당신에게 도움이 필요하지 않습니다.

③ 의문형: 주어 + ga + 목적어 + kerak + mi?

Sizga ruchka kerakmi? 당신에게 볼펜이 필요합니까?

Sizga yordam kerakmi? 당신에게 도움이 필요합니까?

◆ 필요성 표현 (2)

① 긍정형: 동사어간 + sh/ish + 소유격 인칭어미 + kerak (~아/어/해야 한다, ~ㄹ/을 필요가 있다)

의무성을 나타내기 위해 가끔 kerak 대신에 shart이라고 쓴다.

Uyga ertaroq borishim kerak. (나는) 집에 일찍 가야 합니다.

Parhez qilishingiz shart. (의무적으로) (당신은) 식이요법 하셔야 합니다.

② 부정형: 동사어간 + sh/ish + 소유격 인칭어미 + kerak + emas (안 ~아/어/해야 한다, ~ㄹ/을 필요 없다)

Parhez qilishingiz shart emas. (당신은) 식이요법 하실 필요가 없습니다.

Uyga ertaroq borishim kerak emas. (나는) 집에 일찍 갈 필요가 없습니다.

③ 의문형: 긍정형/부정형 + mi?

Parhez qilishim kerakmi? (나는) 식이요법 해야 합니까?

Uyga ertaroq borishim kerak emasmi? (나는) 집에 일찍이 갈 필요가 없습니까?

◆ 가능성 표현

① 긍정형: 동사어간 + sh/ish + 소유격 인칭어미 + mumkin (~아/어/해도 된다)

Bugun ertaroq ketishim mumkin. (나는) 오늘 일찍 가도 됩니다.

Bu yerda sigaret chekishingiz mumkin. (당신은) 여기에서 담배 피우셔도 됩니다.

② 부정형: 동사어간 + sh/ish + 소유격 인칭어미 + mumkin + emas (~면 안 된다)

Bugun ertaroq ketishim mumkin emas. (나는) 오늘 일찍 가면 안 됩니다.

Bu yerda sigaret chekishingiz mumkin emas. (당신은) 여기에서 담배 피우시면 안 됩니다.

③ 의문형: 긍정형/부정형 + mi?

Bugun ertaroq ketishim mumkin emasmi? (나는) 오늘 일찍 가면 안 됩니까?

Bu yerda sigaret chekishim mumkinmi? (나는) 여기에서 담배 피워도 됩니까?

기초 문법 & 용법

◆ **추측 표현**

① 긍정형: 동사어간 + sa + 제3형 인칭어미 + kerak (~일 것 같다)

Ertaga yomg'ir yog'sa kerak. 내일 비가 내릴 것 같습니다.

U koreyalik bo'lsa kerak. 그는 한국 사람인 것 같습니다.

② 부정형: 동사어간 + ma + sa + 제3형 인칭어미 + kerak (~아닌 것 같다)

Ertaga yomg'ir yog'masa kerak. 내일 비가 내리지 않을 것 같습니다.

U koreyalik bo'lmasa kerak. 그는 한국 사람이 아닌 것 같습니다.

◆ **과거 분사 : ~ㄴ/은**

형용사의 역할을 하며 과거에 일어나서 완료된 일에 대해 쓰인다.

① 긍정형: 동사어간 + gan

Telefon qilgan kishini taniysizmi? 전화하신 분을 아십니까?

Yangi kelgan talaba mening do'stim. 새로 온 대학생은 나의 친구야.

② 부정형: 동사어간 + ma + gan

Kecha darsga kelmagan o'quvchi mening do'stim. 어제 수업에 오지 않은 학생이 나의 친구야.

Ishlamagan kunimda dam oldim. 일하지 않은 날에는 쉬었습니다.

◆ **현재 분사 : ~고 있는**

형용사의 역할을 하며 현재 진행 중인 일에 대해 쓰인다.

① 긍정형: 동사어간 + (모음) yotgan / (자음) ayotgan

Anavi ketayotgan qiz mening dugonam. 저기 가고 있는 여자가 나의 (여성인) 친구야.

Gitara chalayotgan kishining ismi nima? 기타 치고 있는 사람의 이름이 무엇입니까?

② 부정형: 동사어간 + ma + yotgan

Ishlamayotgan kompyuterni ko'rsating. 고장 난 컴퓨터를 보여 주세요.

Qo'shiq aytmayotgan qizni taniysizmi? 노래를 안 부르고 있는 여자를 아십니까?

◆ 미래 분사 : ∼ㄹ/을

형용사의 역할을 하며 미래에 일어날 일에 대해 쓰인다.

① 긍정형: 동사어간 + (모음) ydigan / (자음) adigan

Samarqandga boradigan avtobusga chiqishim kerak. 사마르칸트에 갈 버스를 타야 합니다.

O'qiydigan kitobingni sotib ol. 읽을 책을 사.

② 부정형: 동사어간 + ma + ydigan

Samarqandga bormaydigan avtobusga chiqmang. 사마르칸트에 가지 않는 버스를 타지 마세요.

Foydalanmaydigan kompyuteringni o'chirib qo'y. 이용하지 않는 컴퓨터는 꺼 놔.

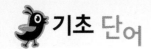

A

Adabiyot 문학
Afsuski 불행하게
Aholi 인구
Ajrashgan 이혼한
Aka 형/오빠
Allaqachon 벌써
Alohida 따로
Amaki 삼촌/아저씨
Ancha 꽤/충분히
Aniq 정확히
Apelsin 오렌지
Aprel 4월
Arzon 싼 (가격)
Asosiy 주요한
Asosan 주로
Assalomu alaykum! 안녕하세요!
Avgust 8월
Avtobus 버스
Ayol 여자
Aytgancha 참 (무엇인가 기억날 때)
Aytmoq ~라고 하다
Achchiq 매운

Baho 학점
Bahor 봄
Baland 높은
Baliq 생선/물고기
Band 바쁜
Bank 은행
Barcha 모두
Barmoq 손가락
Baxtli 행복한
Bayram 명절
Ba'zan 가끔
Bermoq 주다
Besh 5/다섯
Beva 과부
Benzin 휘발유
Bilmoq 알다
Bino 건물

Bir 1/하나
Bir xil 똑같은
Biroz 조금
Bitirmoq 졸업하다/완료하다
Bodring 오이
Bog' 공원
Bola 아이
Bor 있다
Bormoq 가다
Bosh 머리
Boshlamoq 시작하다
Boshqarmoq 운영하다/관리하다
Boy 부유한/부자
Bozor 시장
Bu 이/이것
Bulut 구름
Burilmoq 돌다 (오른쪽/왼쪽으로 돌다)
Burun 코
Buva 할아버지
Buvi 할머니
Buzilmoq 고장이 나다
Bo'yin 목
Bo'sh 빈 (bo'sh xona 빈방)

Daftar 공책
Dala 밭
Dars 수업
Darslik 교재
Dars bermoq 수업하다/가르치다
Dars qilmoq 숙제를 하다
Davlat 국가/국립
Davlat tili 공용어
Davolanmoq 치료받다
Davom ettirmoq 계속하다
Dekabr 12월
Dengiz 바다
Deraza 창문
Devor 벽
Dialog 대화
Doim 항상
Dori 약
Dorixona 약국

Dugona 친구(여자)
Dunyo 세상/세계
Do'kon 가게
Do'l 우박

Egizak 쌍둥이
Ekmoq 심다
Emas ~이/가 아니다
Elchixona 대사관
Endi 이제
Er 남편
Erkak 남자
Ertaga 내일
Ertalab 아침
Eshik 문
Esmoq 부르다 (바람이 부르다)

Fan 과목
Faqat 오직
Farzand 자식
Fasl 계절
Faxrlanmoq 자랑스럽다
Fevral 2월
Firma 회사
Foiz 퍼센트(%)
Foydalanmoq 이용하다
Foydali 쓸모 있는
Fransuz 프랑스에 관련된
Futbolka 티셔츠

Galstuk 넥타이
Gapirmoq 말하다
Gaplashmoq 얘기하다
Garaj 차고
Gazeta 신문
Gilam 카펫
Gul 꽃

Gullamoq 꽃피다
Guruch 쌀/밥
Go'sht 고기
Go'zal 예쁜

Hafta 주
Hali ham 아직도
Hal qilmoq 해결하다
Ham 도
Hamma 모든
Hammom 목욕탕
Hamshira 간호사
Har kuni 매일
Har xil 다양한
Haykal 상
Hech kim 아무도
Hech narsa 아무것도
Hech qachon 절대로/전혀/언제도
Hech qayer 아무 곳
Hisoblamoq 계산하다
Hokimiyat 시청
Hojatxona 화장실
Hozir 지금
Hujjat 서류

Ich 안쪽
Ichimlik 음료수
Ichmoq 마시다
Idish-tovoq 그릇
Ijaraga olmoq 임차하다
Ikki 2/둘
Iliq 따뜻한/미지근한
Iltimos 부탁
Iltimos qilmoq 부탁하다
Imtihon 시험
Imtihon topshirmoq 시험을 보다
Imzo 시그니처
Indinga 모레
Ingliz tili 영어

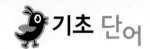

Iqlim 기후
Ish 일
Isitma 열
Istamoq 원하다
It 개 (동물)
Iyul 7월
Ishlamoq 일하다
Ishonmoq 믿다

Jamiyat 사회
Janub 남쪽
Janubi-g'arb 서남
Janubi-sharq 동남
Javob 대답
Javob bermoq 대답하다
Jag' 턱
Jigarrang 갈색
Jinsi shim 청바지
Jiyan 조카
Joy 장소
Joylashmoq 위치하다
Juda 아주
Juma 금요일
Jurnal 잡지

Kabob 케밥
Kaft 손바닥
Kalta 짧은
Kambag'al 가난한
Karam 배추
Kartoshka 감자
Kasal 아픈 사람
Kasalxona 병원
Kasb 직업
Katta 큰
Kayfiyat 기분
Kech 늦은
Kecha 어제
Kechikmoq 지각하다

Kechirmoq 용서하다
Kechki ovqat 저녁 식사
Kelasi yil 내년
Kelin 며느리
Kelmoq 오다
Keng 넓은
Kerak 필요하다
Kerakli 필요한
Kesmoq 자르다
Ketmoq 가다/출발하다
Keyin 다음에
Kichik 작은
Kino 영화
Kir 더러운
Kishi 아저씨/사람
Kitob 책
Kiyim 옷
Kiymoq 입다
Kofe 커피
Kompyuter 컴퓨터
Konsert 콘서트
Korxona 공장
Kostyum 양복
Kotib 비서
Kuchli 힘이 센
Kuchsiz 약한
Kul rang 회색
Kumush 은 (금속)
Kun 일/하루
Kunduz 낮
Kutubxona 도서관
Kuyov 사위
Kuz 가을
Ko'cha 길/거리
Ko'chib kelmoq 이사 오다
Ko'k 파란색
Ko'krak 가슴
Ko'p 많은/많이
Ko'rmoq 보다
Ko'ylak 원피스/셔츠
Ko'z 눈
Ko'zoynak 안경

Lab 입술
Lag'mon 라그면 (음식)
Lampa 전구
Lagan 큰 그릇
Lekin 하지만
Libos 옷 (Milliy libos 전통의상)
Lift 엘리베이터
Likopcha 작은 그릇/반찬 그릇
Litr 리터(ℓ)
Lozim 필요하다
Lug'at 사전

Madaniyat 문화
Mahal 회 (Ikki marta 2회)
Mahalla 동네
Mahsulot 생산물
Makaron 마카로니
Maktab 학교
Mamlakat 나라
Manzil 주소
Maqol 속담
Maqtamoq 칭찬하다/자랑하다
Mart 3월
Marta 번 (ikki marta 2번)
Mashhur 유명한
Mashina 자동차
Maslahat 상담
Mast 술에 취한
Matematika 수학
Matn 글/텍스트
Mato 천 (옷을 만들 때 쓰이는)
Mavjud 존재하다
Mavzu 주제
May 5월
Maydon 광장
Mazali 맛있는
Ma'lumot 정보
Mebel 가구
Mehmon 손님
Mehribon 친절한

Men 나
Metr 미터(m)
Metro 지하철
Meva 과일
Militsiya 경찰
Milliy 전통
Mo'ylab 콧수염
Muammo 문제
Muhim 중요한
Mukammal 완벽한
Mushuk 고양이
Muzey 박물관
Muzlatgich 냉장고

Nabira 손자/손녀
Nam 습한
Narx 가격
Natija 결과
Nechta 몇 개?
Nihoyat 드디어
Nikoh 결혼
Nima 무엇?
Non 빵
Nonushta 아침 식사
Nordon 신맛이 있는
Noyabr 11월
Nozik 날씬한
Nutq 연설

Ob-havo 날씨
Och 배고픈
Ochmoq 열다
Odam 사람
Odatda 보통
Oddiy 간단한
Ofitsiant 웨이터
Og'rimoq 아프다
Oila 가족
Oktabr 10월

Olib bormoq 가져가다
Olib kelmoq 가져오다
Olma 사과
Olmoq 받다
Olti 6/여섯
Omad 행운
Ona 어머니
Opa 누나/언니
Oq 하얀색
Orqa 뒤쪽
Orzu 꿈
Oson 쉬운
Oshpaz 요리사
Oshxona 식당
Ot 말 (동물)
Ota 아버지
Ovoz 소리
Ovqat 음식
Oz 적은
Ozg'in 마른

P

Palov 팔러우 (음식)
Palto 외투
Pardoz 화장
Parhez 식이요법/다이어트/음식 조절
Park 공원
Past 아래/낮은
Paxta 목화
Paypoq 양말
Payshanba 목요일
Peshana 이마
Pichoq 칼
Pishloq 치즈
Pishiriq 과자/파이
Pivo 맥주
Plyaj 해수욕장
Piyoz 양파
Poyezd 기차
Poytaxt 수도

Q

Qabul qilmoq 접수하다
Qabulxona 접수실
Qachon 언제?
Qalam 연필
Qalampir 고추
Qanday 어떤?/어떻게
Qancha 얼마나?
Qariya 노인
Qatnashmoq 참여하다
Qavat 층 (건물)
Qayer 어디?
Qaynona 시어머니
Qaynota 시아버지
Qayta 다시
Qidirmoq 구하다
Qilmoq 하다
Qimmat 비싼
Qish 겨울
Qishloq 시골
Qism 부분
Qiyin 어려운/힘든
Qiziq 재미있는
Qizil 빨간색
Qoida 규칙
Qolmoq 남다
Qor 눈
Qora 검은색
Qorin 배 (신체 부분)
Qosh 눈썹
Qoshiq 숟가락
Qovun 멜론
Qovurmoq 볶다
Qozoq 카자흐인
Qulay 편리한
Quloq 귀
Qulupnay 딸기
Qunt bilan 열심히
Qurmoq 짓다
Quyosh 태양
Qo'l 팔
Qo'llamoq 적용하다
Qo'lqop 장갑
Qo'shni 이웃

Qo'y 양 (동물)
Qo'y go'shti 양고기

Rafiqa 부인
Rahmat 감사합니다
Rang 색깔
Raqsga tushmoq 춤추다
Rasm 사진
Reja 계획
Rengen 엑스레이(X-ray)
Restoran 레스토랑
Rivojlanmoq 발전하다
Rosa 매우
Rozi bo'lmoq 승낙하다
Ruchka 볼펜
Rus 러시아와 관련된
Ro'mol 스카프
Ro'yhat 목록

Sabzavot 채소
Sabzi 당근
Sakkiz 8/여덟
Salat 샐러드
Salom 안녕/인사
Salom bermoq 인사하다
Salqin 서늘한
Samolyot 비행기
San'at 예술
Sayohat qilmoq 여행하다
Semiz 뚱뚱한
Sen 너
Sentabr 9월
Seshanba 화요일
Sevib qolmoq 사랑에 빠지다
Sevmoq 사랑하다
Sifatli 품질이 좋은
Sigaret 담배
Sindirmoq 깨다
Singil 여동생

Sinf 반 (학교)
Sinfxona 교실
Siyosat 정치
Siz 당신
Soat 시계/시
Soch 머리카락
Sochiq 수건
Sog'inmoq 보고 싶다/그립다
Sog'lom 건강한
Soma 섬사 (음식)
Son 숫자
Soniya/sekund 초
Soqol 수염
Sotib olmoq 사다/구매하다
Sotmoq 팔다/판매하다
Sotuvchi 판매원
Sovg'a 선물
Sovun 비누
Sovuq 추운
Sport 운동
Stansiya 역
Stol 테이블
Stul 의자
Suhbat 대화
Suhbatlashmoq 대화하다
Sut 우유
Suv 물
Suzmoq 수영하다
So'z 단어
So'm 솜 (우즈베키스탄의 화폐단위)

Tabiat 자연
Tag 밑
Tajriba 경험
Taklif qilmoq 초대하다
Taksi 택시
Talaba 대학생
Tanaffus 휴식
Taqmoq 걸다/쓰다 (귀걸이, 안경 등)
Tarjima 통/번역
Tarjimon 통/번역가
Tarvuz 수박

Tashkilot 조직
Tavsiya qilmoq 추천하다
Tayyorlanmoq 준비하다
Ta'sir qilmoq 영향을 미치다
Teatr 극장
Televizor TV, 텔레비전
Temir yo'l 철도
Tez 빨리
Tez-tez 자주
Til 언어/혀
Tinglamoq 듣다
Tish 이 (입)
Tizza 무릎
Tog' 산
Tomon 쪽
Tomoq 목
Topmoq 찾아내다
Toza 깨끗한
Tramvay 전차
Tug'ilmoq 태어나다
Tug'ilgan kun 생일
Tugamoq 끝나다
Turist 관광객
Turmoq 일어나다
Turmushga chiqmagan 결혼하지 않은 (여자)
Turmushga chiqqan 결혼한 (여자)
Tush 꿈 (잘 때)
Tushlik 점심 식사
Tuxum 달걀
Tuz 소금
To'g'ramoq 썰다
To'g'ri 맞다
To'la 가득 찬
To'lamoq 내다 (돈, 빚 등)
To'qqiz 9/아홉
To'rt 4/넷
To'y 결혼식
To'ymoq 배부르다

U 그/그녀
Uch 3/셋
Uchrashmoq 만나다

Uchun ~을/를 위해
Ular 그들/그녀들
Umuman 전혀
Un 밀가루
Uncha 별로
Universitet 대학교
Unutmoq 잊어버리다
Ustoz 선생님
Uxlamoq 자다
Uy 집
Uy Bekasi 주부
Uy vazifa 숙제
Uyg'onmoq 깨우다
Uylanmagan 결혼하지 않은 (남자)
Uylangan 결혼한 (남자)
Uzoq 먼/멀리
Uzuk 반지
Uzum 포도
Uzun 긴

Va 그리고
Vaalaykum assalom! 안녕하세요!
(Assalomu alaykum의 대답)
Vafot etmoq 돌아가다/죽다
Vaqt 시간
Vaqtinchalik 일시적인
Vaziyat 상황
Velosiped 자전거
Vilka 포크
Viloyat 지역
Vino 와인
Vodiy 골짜기
Voy! 아이고!

Xafa 슬픈
Xalq 국민
Xaridor 손님/구매자
Xarita 지도
Xat 편지

Xavfli 위험한
Xavfsiz 안전한
Xayr 안녕 (이별할 때)
Xilma-xil 다양한
Xitoy 중국
Xizmat 서비스
Xohlamoq 원하다 / 하고 싶다
Xola 이모
Xotin 아내
Xotira 기어
Xunuk 못생긴
Xush kelibsiz! 어서 오세요!
Xushmuomala 정중한
Xususiy 사립

Yakshanba 일요일
Yana 또 / 다시
Yangi 새로운
Yanvar 1월
Yaqin 가까운 / 가까이
Yarim 반 (6:30, 6시 반)
Yashil 녹색
Yaxshi 좋은
Ya'ni 즉
Yelka 어깨
Yemoq 먹다
Yer 지구 / 땅
Yetarli 충분히 / 충분한
Yetti 7 / 일곱
Yig'lamoq 울다
Yigit 젊은 남자
Yiqilib tushmoq 넘어지다
Yirik 큰
Yomon 나쁜
Yomon ko'rmoq 싫어하다 / 싫다
Yordam bermoq 도와주다
Yosh 나이 / 젊은
Yoshlik 젊음
Yotoqxona 기숙사
Yoz 여름
Yozmoq 쓰다
Yog' 기름

Yog'li 기름진
Yog'moq 내리다 (비, 눈 등)
Yubka 치마
Yubormoq 보내다
Yurmoq 걷다
Yuvmoq 씻다
Yuz 얼굴
Yo'lovchi 승객
Yolg'iz 혼자
Yo'nalish 행
Yo'q 아니오
Yo'qotib qo'ymoq 잃어버리다
Yo'talmoq 기침하다

Zamonaviy 현대적인
Zarar 피해
Zerikarli 재미없는
Zerikmoq 심심하다
Zilzila 지진
Ziravor 양념, 드레싱
Zirak 귀걸이

O'n 10 / 열
O'ng 오른쪽
O'qimoq 읽다
O'qishga kirmoq 입학하다
O'qituvchi 선생님
O'quvchi 학생
O'rganmoq 배우다
O'rgatmoq 가르치다
O'rta 중간
O'simlik 식물
O'smoq 자라다
O't 잔디
O'tirmoq 앉다
O'xshamoq 비슷하다 / 닮다
O'ynamoq 놀다
O'zbek 우즈베크 / 우즈베키스탄에 관련된

기초 단어

G'

G'arb 서쪽
G'ijim 구겨진
G'alati 이상한

Sh

Shaftoli 복숭아
Shahar 도시
Shahmat 체스
Shakar 설탕
Shamol 바람
Shamollamoq 감기에 걸리다
Shanba 토요일
Sharbat 주스
Sharq 동쪽
Shaxsan 개인적으로/직접
Shekilli 아마도
She'r 시
Shifokor 의사
Shim 바지
Shimol 북쪽
Shimoli-sharq 동북
Shinam 편리한
Shirin 단맛
Shkaf 옷장
Sho'rva 수프
Shortik 반바지
Shovqinli 시끄러운
Shu 저것

Ch

Chalmoq 치다 (악기)
Chanqamoq 목마르다
Chap 왼쪽
Chaqaloq 아기
Charchamoq 피곤하다
Chekmoq 담배 피우다
Chiroyli 예쁜
Chipta 표
Chizg'ich 자
Chorraha 사거리

Chorshanba 수요일
Choy 차
Choynak 주전자
Chunki 왜냐하면
Cho'l 사막